超ヒマ社会をつくる

中村伊知哉

目次

はじめに

令和の世が明けた。それはテクノロジーの時代の再来だ。わが人生で3度めの、テックの波である。20年強前のネットが代表するデジタル化。10年強前のスマホが代表するスマート化。そして今回は、ＡＩやロボットが代表する技術の大群。モノが知能を持ち対話するという、これまで人類が踏み入れたことのない、超テックのステージだ。

超テックが仕事を奪う。仕事を奪っても、ぼくらの取り分が変わらなければ、ヒマになる。うんと奪ってくれれば、超ヒマになる。わあい。そうなれ。どうすればそうなるのか。その時、どうするか。それが問題だ。

超ヒマ社会は、めくるめくエンタメ社会だ。超ポップ、超スポーツ、超教育。そしてそれらを活かす超都市。ギギィ。２０２０年に超テックの扉が本開きとなる。超ヒマ社会に突入するのは２０３０年ごろ、令和10年ごろだろうか。想像して、創造しよう。

日本ほど創造的で安全な国はない。世界で一番超ヒマな国になれるぞ！ ところが日本ほど不安を感じている国もない。バブルが弾けてからずっと縮こまっている。米中が覇権争いをする中、縮んでいたら、ＡＩの超テック時代も下請けになる。彼らは超ヒマになり、ぼくらはあくせく貢ぐことになる。

日本はＡＩの利用大国になるべきだ。開発に遅れても、使えりゃ問題はない。使えるよう保障してもらいたい。そのためには、使う意志をみせること。使って成果をあげること。使ってどうするかのアクションが大切だ。アクション！

げほん、げほん。空気が問題。縮む空気を吹き飛ばせ。２０２０年のオリパラ、２０２５年の万博。東京と大阪に巨大な換気扇が置かれる。思い切りＡＩの粉をまきちらして、深呼吸しよう。そして走り出そう。

ぼくは超ラッキー人生だった。昭和、家が貧しかったおかげで奨学金をもらってラクに大学に行けた。就職先の霞が関は超ブラックだったが、超楽しかった。平成、飛び出したらMITのプロジェクトに潜り込めた。契約が切れるころスタンフォード大学の日本研究所のポストが空いた。契約が切れるころ慶應で大学院を作るプロジェクトに潜り込めた。

その間ずっとひとつのことしかしていない。作ることだ。バンドで曲を作る。役所で法案を作る。予算案を作る。MITに研究所を作る。スタンフォードでポップカルチャーのプロジェクトを作る。NPOや社団法人を作る。会社の役員として保育所、ゲームやお笑いイベントを作る。今はスポーツやデジタル教育、大学、特区を作っている。

本書はぼくの履歴書であり、マニフェストでもある。作ってきたことと、これから作ることを記した。超テックがもたらす、超ポップ、超スポーツ、超教育、超都市。そして本書は、授業でもある。ぼくが作る超ヒマ社会を示す。だが、人には人の超ヒマ社会。これを読む諸君は、自分で自分の超ヒマ社会を、想像して、創造してほしい。

ところで各項に、テーマにちなんだ曲名が現れる。

♫『ジャリボーイ・ジャリガール』(岡崎体育)のように。読みながらバックで流すことを推奨する。音楽ある読書を祈る。

1 超テック戦略

1割しか働かない未来

1億人の歩くテレビ局ができた

　フランス南部、ラスコーの壁画は2万年前に描かれた。スペイン北部のアルタミラ壁画は1万数千年前。これらは高校の歴史の授業で最古の絵だと習った。2018年2月、スペイン北部のラパシエガ洞窟に壁画が発見された。6万年以上前にネアンデルタール人が描いたという。40年前に勉強したことはウソだった。一生学び続けろということか。

　文字を持たない人類は、壁に映像で表現した。文字の発明はずっと後、紀元前7000年。中国の亀の甲羅に記されたものとされる。これだってまた歴史が覆されるかもしれないが。ドイツのグーテンベルクが活版印刷を発明したのは1445年ごろ。情報が大量にコピーされて流通するようになった。

　本を読む。じっと考える。宗教革命が起きた。市民革命が起きた。産業革命が起きた。近代が来た。そこまで、3世紀。どうだろう。グーテンベルクは、自分の発明が3世紀かかって世の中をそこまで変えると想像していたか？

ぼくたちはどうだ。ＩＴ革命、ＡＩ革命、ロボット革命、波打つ革命の渦がこれから３世紀後、人類をどう変えるか。想像しているか？　想像するには今しかチャンスがない。

信長は人生50年とうたった。近ごろ人生は１００年、1世紀だそうだ。１／３は寝てるんで、起きてる時間は70年。70年の映像を圧縮で撮れば10テラバイト。価格.comだとハードディスク３万円とある。１週間バイトすれば買える。ならオギャーと産まれた赤ん坊の額にカメラを埋めて、死ぬまで起きている間に見た映像を撮り溜めよう。３万円でできる。全員の映像をネットでシェアしよう。するとこの現実とは別の膨大な映像空間ができる。さて、その空間では何が起きるだろう？

という空想はもうぼくの想像力を超える。だが、脳みそを血まみれにして空想しなければいけないのだ、今は。

人類が史上作った1・8億曲はＭＰ３なら20テラバイトだという（ケヴィン・ケリー『〈インターネット〉の次に来るもの』）。ハードディスク６万円で収まる。世界の全情報を格納する図書館は50ペタバイトでできるという。1～2億円で入ってしまう。超安くね？

音楽の分野ではアメリカのエジソンが１８７７年にフォノグラフを作った。映画はフランスのリュミエール兄弟が１８９５年に作った。20世紀に入って電話やテレビが普及して、世界中に情報が伝わるようになった。そして20年ほど前からパソコンとインターネットのデジタル時代に入った。

ぼくは80年代、官僚として国会答弁を書いていた。当時、政府は高度情報社会を目指していた。大臣「高度情報社会とは何だね？」、答弁「世界中の人が映像をリアルタイムに共有できる社会であります」。大臣「そうすればどうなるのかね？」、答弁「世界中のひとがわかり合えて世界平和が訪れます」。えへん立派な答弁である。

今世紀が始まった年の9月11日。ぼくはニューヨークのセプテンバー・イレブンに巻き込まれ往生した。機嫌よくパフィーを聴きながらクルマを運転していたので、何が起きているかわからん。立ち寄った喫茶店で見た米ＣＮＮで、えげつないテロだと知った。

あわてて東京に電話したら、みんな夜のニュースで飛行機が突っ込むシーンをリアルタイムで見て、あわわとなっていた。アメリカ人は東海岸は通勤通学、西海岸は時差で寝ていて見ていない。日本人の方が映像ショックが大きい事件だった。

世界中の人が映像をリアルタイムに共有できる高度情報社会は到来していた。だけど世界平和なんてウソっぱちだった。映像を共有したら、憎しみが募って、テロじゃないか。その後、ネット界の反戦運動もむなしく、イラク戦争が勃発した。戦地ではGPSでのピンポイント爆撃やウェアラブル装備の兵士たちが、これでもかとデジタル技術で人を殺した。

技術はもう手のひらにある。反戦も戦争も推し進める。ネットは為政者の味方であり、テロリストの味方でもある。ナイフのようなもので、メスにもなればドスにもなる。それを決めるのは、ユーザー。デジタル・ユーザーの世紀が始まったのだ。

2001年末、TIME誌の今年の人：パーソン・オブ・ザ・イヤーは、ネット投票の2位はウサマ・ビンラディンだった。1位には田代まさしが輝いた。9.11の年、首謀者をさしおいて、のぞき事件を起こした日本人を世界トップに押し上げたのは2ちゃんねるの連中だった。連結した極東のユーザーがエスタブリッシュな欧米のマスメディアをいてこました。個人はパワーアップした。マスメディアは相対化した。ヒエラルキーは崩れた。

10年後の2011年、ビンラディンは殺された。パキスタンに潜伏し、ネットも電話も使わなかったが、隠れ家が特定された。都会の大邸宅なのに通信回線が敷かれていなかったからバレたのだ。オフラインも安全ではない。

同年、リビアのカダフィ大佐も殺された。元首なのになぜ大佐どまりなのか疑問だが、ドローンが爆撃したという。安全地帯はない。同年、エジプトのムバラク政権はFacebookやTwitterで数珠つなぎの民衆に倒された。

同じソーシャルメディアでイスラム過激派は世界中から若い戦士を集める。中国は万里の長城ばりのファイアウォールを敷き、民衆の管理に躍起だ。外国企業の活動にも制限を加える。域内ブロック戦術を堂々と講じる。タコつぼ強靭化。

農業社会は土地が資源。工業社会は石油が資源。情報社会はデータが資源。土地や石油を求め国家は戦争を繰り返した。だがデータは企業が握る。その覇者、GAFA(Google、Apple、Facebook、Amazon)は並の国家を超えるパワーを手にした。国家と企業の立ち位置は同列になった。戦争をせず権力を変えた静かな大革命だ。

とはいえ君臨は難しい。データを持てる者はデータに泣く。2018年春、Facebookからイギリスの会社を経由して8700万人の個人情報が流出。情報がイギリスのEU離脱やアメリカ大統領選の政治工作に使われた疑惑も浮上した。ザッカーバーグCEOはアメリカの議会で謝罪した。Googleも同年10月、個人情報の大量流出が判明し、ピチャイCEOが非難された。

Google、Facebook、Amazonの市場支配力が強すぎるとして、分割論も台頭。次期大統領選の争点になる可能性もある。1984年のAT&T分割を思い起こさせる。

国家は攻める。2018年5月、EUは厳格な情報管理を定める一般データ保護規則（GDPR）を施行。日本もこれを参考に個人情報保護法を改正し、利用者の権利を強化する方針だ。EUはGoogleを3回にわたり競争法違反で摘発し、その制裁金は1兆円に及ぶ。日本政府も2019年4月、GAFAに対し独禁法の「優越的地位の乱用」を適用する規制案をまとめた。課税も使われる。

フランスは2019年からGoogleなどにデジタル課税を適用する。イギリスもIT企業の売上高の2％に課税する「デジタルサービス税」を導入する。他国へ広がる動きもある。G20とOECDは国際課税ルールの見直しに着手した。他方、G7の首脳宣言をトランプ大統領がTwitterで拒否した。みな懸命にネットに立ち向かう。

アメリカ政府は中国ファーウェイ製機器の使用を中止するよう同盟諸国に要請、これに対しファーウェイはアメリカ政府を提訴した。安全保障やセキュリティ対策のみならず、貿易戦争の様相も見え隠れする。

エリック・シュミット／ジャレッド・コーエン『第五の権力』は説く。10年以内に仮想人口は地上の人口を超え、市民は仮想空間の自分の情報をコントロールできなくなる。民主主義政権も独裁政権も治安維持などのため、技術やその利用に制約をかけ監視を強化する。政府の規制により、インターネットは国ごとの網の寄せ集めとなり、バルカン化する。

他方、ニコ・メレ『ビッグの終焉』はこう見る。個人がネットに接続することで伝統的な組織や権力など〝大きいもの〟が崩壊する。マスメディア、政党、ハリウッド、政府、軍隊、大学、大企業。これら大きいものがネットで連結した個人に覆される。パワーシフトだ。

どちらに進むのだろう。

日本の２０１１年は震災だった。ぼくは赤坂のオフィスにいた。大揺れの直後、テレビとネットで届く上空から撮られた映像では、津波が押し寄せ、町や人を飲み込む。怖ろしい。今回はリアルタイム動画を見た。すっかり事態を把握した。動かねば。現地に向かった。

降り立って受けた衝撃は、映像ではない。〝ニオイ〟だ。人生で嗅いだことのない、異様なニオイ。潮と、動物と、植物と、そこにあった全てのものが、混じり合い、連れ去られ、おてんとうさまにじりじりと照らされて、地面が放っていた。それは、釘付けとなった画面では把握できなかった。デジタルは、まだ何も伝えられていない。

♫『コミュニケイション・ブレイクダウン』（レッド・ツェッペリン）

だが、伝えたい。ネアンデルタール人が洞窟で表現していたことを、現代人は歩きスマホで行う。映像で考えて映像で発信する。１億人の歩くテレビ局ができた。みんなが初音ミクをニコ動で育て、世界のスターに成長させた。YouTuberが憧れの職業となった。

２０１９年３月15日、ニュージーランド・クライストチャーチのモスクで銃が乱射され、50

人が死亡した。犯人はあらかじめネットで告知し、Facebookで映像を配信した。動画配信が凶行の目的となる。Facebookは24時間で150万本を削除したと公式アカウントでツイートした。

デジタルは始まったばかりだ。スマートも始まったばかりだ。

すっかり財布を持たなくなった

デジタル？　スマート？　何もできちゃいない。「なぜスマホでテレビが見られないんだ？」２００６年、竹中平蔵総務大臣（当時）はぼくにそう聞いた。制度がどうとか。権利がどうとか。説明を試みた。大臣は納得しなかった。結局、今も見られない。

通信と放送の融合。この言葉は１９９２年、政府・電気通信審議会で初めて正式に登場した。ぼくが事務局を務めていた。放送業界の猛反発にあった。以来25年以上、業界から叱られている。ホリエモンは２００５年にフジテレビを買収して配信を手がけようとしたら逮捕されてしまった。

英ＢＢＣがテレビのネット同時配信を始めたのが２００８年。日本はまだできていない。令和元年５月、ＮＨＫの同時配信を認める放送法改正を審議する国会に参考人として呼ばれたぼくは「12年遅かった」と申し上げた。

竹中大臣やその後の菅義偉《すがよしひで》総務大臣（当時）のころ、ぼくも関わり、通信と放送を融合させる法体系を導入した。ここには世界先端の制度がある。だけどビジネスは世界よりうんと遅い。ネットでラジオが聴けるラジコは２０１０年にスタートした。ぼくの慶應義塾大学のチームが参加した実験だった。テレビもできる。はずだった。

♫『ラジオのように』（ブリジット・フォンテーヌ）

芥川賞を獲った又吉直樹『火花』。ネットフリックス全10話、見た？ ネットフリックスは制作費をドカンと携えて上陸した。吉本興業はアメリカのカネで映像を作った。それを世界１９０の国と地域にネット配信した。その後、地上波のテレビで再放送した。テレビ局が映像を作る。電通や博報堂がそのカネを集める。それをＤＶＤやネットで二次利用する。海外に売る。そんな従来の構図がひっくり返る。

学生は新聞を読まずテレビも持たない。スマホだけで新聞も番組もサイトもこなす。ぼく自身、メディア接触態度が変わった。10年前は朝起きたら、

1．新聞を開く。
2．テレビをつける。
3．ＰＣでニュースをチェックする。

今は、

1．Facebookで友だちを確認する。
2．Twitterで追いかける。
3．ウェブサイト。
4．テレビのニュース。
5．新聞を読む。

全く逆になっている。

以前は信頼性の順に見ていた。今は身近な順、速報性のある順、そして信頼性の逆順。最後にゆっくり確認する感じ。そう考えれば、どのメディアもぼくには存在価値があるけど、それは紙やＰＣなど媒体の問題じゃない。

２０１７年、日本の広告費は6・4兆円。それをメディアが熾烈に分け合っている。ビジネスとしては小さい。デジタルには、もっとうんと大きなショバがある。

パソコン＋ネットのデジタルから20年。スマホ＋ソーシャルのスマートから10年。ＭＩＴのニコラス・ネグロポンテ教授は、デジタルの黎明期、「ビットとアトムの結合」を宣言した。アトム（現実空間）がビット（バーチャル空間）へ進出する。随分、実現した。

Amazonが本を運ぶ。スマホで雑誌が読める。１９９９年に2万３０００店あった本屋は、２０１４年には1万４０００店にまで減った。洗濯機は実物をビックカメラで眺め、価格.comで最安値をチェックしてスマホで買う。店はモノを見せるショウケースにすぎない。じゃあ店はどうする。その店でしか買えないものを揃える。モノだけじゃなくてコトを興して集客する。店がネットショップも持つ。ファーストリテイリングの柳井正会長は「これからは情報産業とサービス業だけになる。小売業もなくなる」と言う。戦略が根本的に問われる。

すっかり財布を持たなくなった。コンビニで新聞とおにぎりを買う。電車に乗る。昼に魚介つけ麺を食う。いや、石焼きビビンバにする。どれもＳｕｉｃａかｉＤか楽天Ｅｄｙ。このところ出歩くのも面倒で、ウーバーイーツを頼りにする。スマホしか要らない。

訳あってぼくは10年前から常に羽織ハカマでいる。毎日が正月である。和服を何十着も持っている。みな古着。楽天でポチポチ買う。

時価総額の上位5社はIT企業となった（Apple、Amazon、マイクロソフト、アリババ、Google）。銀行もフィンテックに忙しい。金融は元来、数字というデータの商売、情報産業であり、ITと融合するのは必然。どの産業も同様だ。製造、物流、観光、いや農業だって、ドローンで農薬をまいて、ネットで野菜の育ちを管理する。ITがなけりゃ成り立たない。

一番大きく変化したのは音楽だ。CDは1997年から2010年までの13年で売上が半減した。その後も落ち続けている。ネット配信はこの5年で4割増。アメリカの音楽の売上は4分の3がストリーミングとなった。

CDが売れず配信の稼ぎも小さい。海賊版も横行する。じゃあ商売を切り替えろ。そこで主力をライブとグッズに振った。コンテンツは買わなくてもチケットは買う。集まって騒ぐ。リアルのライブやフェスは好調。武道館で永ちゃんのライブがあれば総員タオルを買って首から下げる。Suchmos がアリーナに立てばみんなTシャツを買う。コンテンツ〝を〟売る、からコンテンツ〝で〟稼ぐへ。

電子商取引eコマースは小売の5・8％に達したと経産省は胸を張る。だが小売市場は140兆円。94・2％が残っている。まだまだ。中国はすさまじく進んでいる。11月11日は中国の「独身の日」。ネットで買い物してプレゼントする習慣が定着している。

2018年11月10日、アリババが上海で開いたカウントダウン祭は、マライア・キャリー、シルク・ドゥ・ソレイユ、渡辺直美らが登場、愛を叫ぶ世界の中心っぽい舞台だった。翌日、アリババは1日で3・5兆円を売り上げた。楽天の1年分を1日で稼ぐ。中国のeコマース売上は小売の20％。日本もじきにそうなる。30兆円ぐらいの市場が現れる。

金融、製造、物流、観光、いや農業だって、IT市場を生み出していく。

ビジネスでは日本もITを使っている。使っていない分野が3つある。教育と、医療と、行政。つまりパブリックが弱い。IT利用先進国に比べ4割ほど差が開いている。OECDはこれに加え、日本は企業経営にもITを使っていないと指摘する。社長が使っていないのだ。使えない社長には退場いただくとして、先生と医者と役所には使わせなければならぬ。それはデジタル・ビジネスにとって大チャンスでもある。

「なぜPCで教科書が読めないいんだ？」。２０１０年、孫正義さんはぼくにそう聞いた。制度がどうとか。文科省がどうとか。学校がどうとか。説明を試みた。孫さんは納得しなかった。結局、今も読めない。

この問題はそれから「デジタル教科書教材協議会」を作ってグリグリ運動を進めた。8年かかり、２０１８年の国会で制度ができた。ようやく、間もなくデジタル教科書も導入される。だが、心配も多い。効果はあるのか。先生は使えるのか。目に悪くないか。なので授業時間の半分しか使えない制度になるという。

年間の教育コストは20兆円。教育に一人、年20万円かけている計算だ。そのほとんどはアナログでリアルのまま。紙と鉛筆と黒板。でももうぼくは授業をやめる。講義は映像でアーカイブにある。それ見とけ。するとぼくの仕事はデジタル・コンテンツ業となる。教材も文具もＩＴ化する。仮に教育の２割がＩＴ化すれば、４兆円のデジタル市場が現れる。

医療コストは30兆円。３兆円ぐらいのデジタル市場を生める。行政コスト、中央政府の一般会計・特別会計や全国の自治体の支出を合わせれば３００兆円ぐらいになるだろう。その１％でもＩＴに支出すれば3兆円の市場だ。弱みを克服すれば、すぐに広告市場を上回る仕事が見込める。まだ取りに行っていないだけだ。

なんでもいいから共有する

口紅を買う。一回塗る。メルカリに出す。いい値で売れる。買った子は表面をちょっと削って塗る。メルカリに出す。いい値で売れる。買った子は表面をちょっと削って塗る。メルカリに出す。これをシェアエコという。

シェアリングエコノミー。共有経済。なんでもいいから共有する。車や家、服や家電、プログラミングや家事などのスキル、資金調達のクラウドファンディング。個人のモノや時間の情報をマッチングする。おカネのやりとりもする。その評判も共有する。その全てをスマホで行うＩＴビジネスだ。

ウーバーはスマホで呼べば自家用車の兄ちゃん姉ちゃんが来てくれる。タクシーがつかまりにくい海外では重宝する。宿を貸し出すAirbnb。住宅にアパート、お城を貸してくれるところもある。これも外国でよく使う。でも日本では白タク規制や民泊新法など制約があって普及は今ひとつ。

対してフリーマーケットアプリのメルカリは急成長、２０１８年に上場した。３６００億円の時価総額を弾き、ｍｉｘｉを抜いて東証マザーズ首位に立った。楽天やヤフオク！は店がビジネスで売るＢ ｔｏ Ｃだが、メルカリは個人間Ｃ ｔｏ Ｃに徹する。服、靴、ゲーム、なんでも気軽に売る。

ぼくの愛用はウーバーイーツ。餃子やゴーヤチャンプルーなど出前をウーバーのバイクや自転車が届ける。東京が世界で最も発達しているはずだ。食堂がこの上なく充実しているから。東京はタクシーが密でウーバーの魅力は低いが、出前の需要は高い。中国には「おうちごはん」のシェアがあるという。近所のおかあさんが作るおかずを共有。うちの近所でもやってくれたら毎日頼む。近所のおうちのおかず、食べたいもん。土地には土地のシェアエコ。

♫『テンプテーション』（エルヴィス・コステロ）

なぜ今シェアエコ？　背景は、まずＩＴの進化。売り手も買い手も素人で、誰でも情報を出し合える。おカネも評判も流通する。そして、ライフスタイルの変化。プロが作ったものを買う・持つスタイルが、自分で作ってみんなでシェアする方向に進んでいる。

若い世代は経済成長を知らない。買う・持つで差別化しない。欲しい時に欲しいものをちょっとだけみんなで。コストをかけずみんなで楽しむコツを知っている。ＤＶＤは買わない。けれど高いチケットを買って会場に集まってみんなで騒ぐ。

クルマや家のような大きなモノ。自転車や服のような小さなモノ。いやぼくは古着の和服ぐらいしかモノがない。でも時間はたんまり持ってるぞ。うん、時間やスキルなら誰でも持っている。その方が無限の可能性がある。ビジネスとしても大きくなる。子育て、ハウスキーピング、介護、エンジニアやデザイナーの手間しごと、地域の問題をみんなのヒマ時間を使って解決しよう。課題が多いほど、チャンスがある。

でも日本はシェアエコが振るわない。情報通信白書によれば、ウーバーのようなドライバーサービスを利用する意向は、中国86％、アメリカ54％に対し、日本は31％。Airbnbのような民泊は中国84％、アメリカ55％に対し日本は32％。利用したくない理由として「事故やトラブル時の対応に不安がある」が多い。

提供も利用も素人だけに、どれだけ信頼を置けるか、どう評価するかがポイント。日本は不安社会。安全なのに不安だと。だからシェアエコが進まない。カード利用も進まない。デジタル教育も進まない。どれも不安だから。

それを〝安心〟に変えたい。これまでのビジネスはＢ ｔｏ Ｃ、プロが提供してきた。運送業、旅館業、通信業といったタテ割りの事業分野を規制する業法で仕切って、安心を確保した。だけどシェアエコで従来どおりの業法を作ると規制が強くなる。スピードも失う。なので今回、政府は民間の自主ルールでいくという。いいね。

日本は便利だから広がらないという事情もある。ウーバーはアメリカ西海岸に公共交通機関がなくてタクシーも捕まらないから生まれた。東京ほどメトロが縦横に張り巡らされてタクシーも流れている都市はない。日本には日本の不便を埋めるシェアエコを求む。

シェアエコを経済としてどう捉えるかは意見が分かれる。きちんとした解釈がまだない。２０１３年に世界１５０億ドルだった市場が２０２５年には３３００億ドルに成長するという予測がある。情報通信総合研究所は２０１６年のシェアサービスは１兆２０００億円で、潜在市場は2兆6000億円という。大きい。

一方、それがGDPを押し上げる効果は小さいという見解もある。逆にシェアエコはモノのサービス化を進め、消費コストを抑え、経済を縮小させ得る。雇用と投資を抑制する性格を持つ。GDPを下げるかもしれない。

野村総研編『デジタル資本主義』は、2010年ごろから生活者は生活レベルが向上したと感じているという調査結果を示す。ネットで利便性が増す一方、モノの価格、流通マージンなどコストが下がった。GDPは停滞し賃金は低下傾向だが、生活の質が豊かになったという主観だ。

経済学でいう消費者余剰が上昇し、生産者余剰が下落している。消費者余剰は消費者の〝お買い得感〟であり、生産者余剰は価格vsコスト。生産者余剰は数値で弾き出されGDPに反映されるが、消費者余剰は主観によるもので、GDPに反映されない。

MITのエリック・ブリニョルフソン／アンドリュー・マカフィー『ザ・セカンド・マシン・エイジ』はそこに疑問を投げる。音楽はネットでの売上が4年で40％下落したが、人はよい音質の音楽を大量に聴くようになった。1ドルで買っていいモノがタダで買えるならGDPが1ドル減って消費者余剰が増えるが、どちらが指標として重要か。彼らはアメリカの消費者余剰を78兆円と試算する。野村総研は日本に当てはめると42兆円と弾いている。

アメリカ人がネットで使う時間は10年で2倍になった。2012年のFacebook利用時間はパナマ運河建設に要した人日の10倍だという。これらもGDP統計にカウントされない。GDPは限界を露呈している。だがそれに替わる指標はまだない。

ぼくらは経済効率や産業規模を追ってきた。でもITやシェアエコが示すのは、GDPや資本主義、経済成長主義を超える、新しい経済社会システムの始まりではないか。大量生産・大量消費、経済成長やそれに伴う格差から離れて、みんなでエコに分かち合って、そこそこ楽しく暮らしていく。江戸時代はそうだったかもしれない。そんな社会を求める表れなのかも。

リンダ・グラットン／アンドリュー・スコット『LIFE SHIFT』は、〝資産〟として経済的なものより友人関係や知識の方が重要になると説く。経済的な資産よりも、人間関係や評判を人生の目的に据える。昔はみんなそうしていたのかもしれない。技術によってつながりが強まる。ヒマになる。寿命が延びる。それは近代を脱して昔に戻るということかもしれない。１８８０年代のアメリカでは80歳の人の半分が仕事をしていたという。人生１００年時代にもそうなるのではないか。

近代は、資本主義と民主主義の二大主義を育ててきた。ネットは産業を活性化し、資本主義を強化する。そう楽観視してきた。しかしネットは資本主義に退場！を宣告する可能性がある。ネットはタダで使えるサービスを充実させ、コストを下げ、人々の利便を高め、生活を潤わせる。シェアエコはさらにライフを豊かにする。金銭カウントされない経済活動が大きくなる。経済成長がなくても幸せになる。

民主主義は平等を目指す。資本主義は格差がエンジンだ。実は、本質的に折り合いが悪い。アメリカは民主主義で選ばれたトランプ政権が資本主義の枠であるグローバリゼーションを拒否した。イギリスはＥＵというグローバル機構から抜けようとしている。どうやら世界は、新しい資本主義と政治との折り合いを求める事態に踏み入っている。

日本は、どうする。

みんな都心に集まってきた

閑静な住宅地が不人気だ。不便だもん。有閑マダムは死語だ。じっとしてるのカッコ悪いもん。通信ネットワークで〝いながらにして〟働いたり楽しんだりできる。NTT民営化のころ、よく、いながらにしてという言葉を聞いた。いつでもどこでも仕事ができる社会。地方で牧歌的に暮らしつつITで働く夢想だった。田舎にのんびり分散すると思われた。

逆だった。ネットワークが整備されて、ケータイ生活となった。ITと移動手段・モビリティが進化した。コミュニケーションの密度が高くなった。すると、より濃いコミュニケーションと、それに適した近接のコミュニティが欲しくなる。

みんな都心に集まってきた。職住接近。みなエネルギッシュに動いている。全国に張り巡らせた通信網と交通網は、地方から都会に人を呼び寄せ、そこから遠くと連絡したり行き来したりするようにした。移動社会のノマド暮らし。都会で刺激ある日常を送りつつ、オン・オフをノマドにてきぱき切り替える。

3.11東日本大震災では1万6000人が亡くなった。地震や原発ではない。死因のほぼ全てが津波だった。なぜそれほどの犠牲となったのか。逃げなかったからだ。「にげろ」のたった3文字が届かなかったからだ。防波堤の問題ではない。情報の問題である。

どこにいても緊急の情報よ届け。そのために電子看板デジタルサイネージやスマホ緊急機能を整備せよ。いやあの時も、防災無線やテレビでさんざ「にげろ」と叫んだ。だけど住民の耳や頭には届かなかった。届いていても足腰が動かなかった。体にチップやセンサー、駆動機を埋め込んで、電波でムリにでも誘導するか。

チップやセンサー、マシンと通信する。IoT（インターネット・オブ・シングス）、モノのインターネット。これまでニッポン1億人vs1億人のコミュニケーションを用意してきたが、IoTになると、一人がモノを100個持っていれば、その100倍×100倍のコミュニケーションとなる。ネットは破裂するかもしれない。

1995年、阪神・淡路大震災の直後、電話が不通となった。ケータイは2Gで、まだ余裕があって大丈夫だった。3．11ではケータイがパンクした。ネットはつながっていた。インターネットは核戦争が勃発しても途切れない通信網としてアメリカが開発した。何が起きても途切れないことを3．11は立証した。だが次の地震、津波、原発事故に立ち向かえるのか。それでも破裂しないネットワークを用意することは、震災大国ニッポンの責務だ。

自動走行が実現しそうだ。クルマも信号機もIoTで制御される。ドローン輸送が実現しそうだ。空もIoTで管制される。クルマはスマホにタイヤがついたものになる。ドローンはスマホに羽がついたものになる。

クルマやドローンという端末よりも、電波IoTシステムの方が大事なビジネスとなる。MaaS（サービスとしての移動手段）に舵が切られている。5Gは大容量・高精細の映像向けよりも、瞬時のズレなく大量のモノをコントロールするIoT向けに威力を発揮する。

アメリカの8つの州で、「Google Glass」の運転中の使用を規制する法案が提出されたと聞く。議会は通過していないらしい。おまわりさんが捕まえたところで、「スイッチオフにしてました」と言い張るもん。Googleはコンタクト形も開発しているとも聞く。そうしたら着けてるかどうかもわからなくなるもん。いやGoogleのことだから、すぐに運転アシスト機能を投入する。Google Glassを着けた方が安全になる。そうしたら8つの州は、Google Glassの使用を義務づける法案を出すだろう。

ウェアラブル・コンピュータは、モバイルの代表であるスマホをバラして身につけるマシンだ。だが、モバイルとウェアラブルは思想が根本から違う。モバイルは〝いつでも〟。オン・オフを自分が決める。ウェアラブルは〝いつも〟。24時間オンライン。ずっとバーチャル空間とリアル空間を同居させる。

暴走族は自動走行を選ぶまい。自らの意志で爆音を鳴らし駆け抜ける。だが、近ごろグループ名を持たない〝名無し〟の集団が増えているそうだ。〇〇軍団や××連合を捨てるのだそうだ。体育会系の縦社会がイヤなのだそうだ。カシラがウザい。集団のルールが重い。それより、ぼくたちは純粋に暴走したい。

♫『走れ』（突然ダンボール）

ＬＩＮＥやTwitterで集まる。そして純粋に暴走する。こうしてヒエラルキーが崩れる。フラットなコミュニティとなる。集まりたい時に、目的に純化した清い心で集まって、パラリラパラリラする。デジタルはパンクに秩序をひっくり返す。

決闘は、儀式である。エンタメである。昔、仇討ちは合法的な紛争解決法だった。だが1889年「決闘罪」が定められて禁止された。刑法の制定よりも早い。明治になったんだから、そろそろやめようぜ。その後、この罪が適用される事例はほとんどなかった。

ところが、先ごろ福岡県で、中学3年生の男子13人が「決闘」容疑で送検された。ＬＩＮＥで呼びかけて決闘に至ったという。見物も100人に及んだそうだ。ＬＩＮＥという技術が果たし状を投げつけ、観客も簡単に動員する。

ＬＩＮＥはクローズドなタコつぼのコミュニティを形成する。その中は濃密なコミュニケーションで沸騰する。一方、外界とは遮断され、世間からは見えにくい。決闘を増殖させる道具なのだ。ヤバい。当局もやむなく120年以上前の法律を倉庫から引っ張り出してきた。新しいコミュニケーションやコミュニティに、社会や制度が追いつかない。

モノとモノが交信する。牛乳が切れたことを冷蔵庫が発信し、クルマのフロントガラスに「買ってこい」と告げる。バーチャルな空間を情報が飛び出して、リアル空間にせり出す。ネグロポンテ「ビットとアトムの結合」の、ビットからアトムへの逆回転だ。

３Ｄプリンターで拳銃を製造したとして、武器等製造法と銃刀法違反の罪に問われた神奈川県に住む男が有罪となった。法律に抵触するＩｏＴ事例だ。３Ｄプリンターはモノをコンテンツにする。兵器の設計図をシェアすれば革命家を増やせる。ｅＩｎｋを開発したＭＩＴのジョー・ジェイコブソン教授は、次にラジオやモーターの印刷に取り組んだ。「だいたい全てのものが印刷できる」とぼくに話していた。いずれロボットも食べ物も、送って印刷できるようになるだろう。

味をデータ化して転送、３Ｄプリンターで食用ゲルにデータを出力し、味を再現する。食のテレポーテーション。電通や山形大などのチームが「転送寿司」として開発している。ポップ×テック×クレイジー。ジェイコブソン教授の話は本当だった。

既に街はネットにつながったモノで埋め尽くされている。センサーやカメラがぼくたちを見張っている。２０１３年、ボストンマラソン。コープリー広場のゴール付近で爆破テロが発生、

3人が死亡した。警察は監視ビデオを駆使し、赤外線暗視装置で追い詰め、犯人を捕まえた。ボストン市民は監視されていることで安心を得た。ジョージ・オーウェル『1984』で恐れた監視社会は来ないのか。

中国・南西部の貴州省では、小学校の生徒にチップ内蔵のスマート制服を着せている。生徒の無断欠席を防ぎ出席率を向上させるためだという。許可なく学校から出たら自動で音声アラームが作動する。学校のドアに設置された顔認識装置とも連動して逃げられない。これは誰の安心を確保するものなのか。

企業の人事担当は、学生のソーシャルメディアを見て採用・不採用を決める。面接官の眼の前にいるリアルなぼくより、書き散らかしてきたバーチャルなぼくの方が、社会的には本当のぼく。バーチャルがリアルより大事になった。

ホテルにスポーツ選手とモデルが来たことに興奮したバイトがツイートし、炎上。コンビニのバイトがアイスクリーム用冷蔵庫に入った写真をFacebookに投稿し、炎上。店は休業。ステーキチェーンのバイトが冷蔵庫に入った写真をツイート、炎上。店は閉鎖。ピザ店の冷蔵庫に入った写真をブログに投稿、炎上。店は休業。バイトがピザ生地で顔を覆った写真をツイート、炎上。やらかしは、一生残る。店も企業も困る。その対策のため「ニューメディアリスク協会」なる団体を作り、ぼくが代表を務めている。ひとさまはこの協会を「炎上協会」と呼ぶ。どうしたものか。

「遊び方革命」を起こせ

ソフトバンクは学生のエントリーシートの評価にＡＩを使っている。ＡＩが就活の面接官を務める日も近い。疲れないし、公平だし、バラツキもない。ニコニコ動画に書き込まれるネガティブコメントの削除にはＡＩが使われている。ドワンゴは深層学習を使って年1億円以上の人件費削減効果を上げているという。

報道によると、アメリカの殺人犯が死体の隠し場所をｉＰｈｏｎｅのＳｉｒｉに相談したところ、「沼地、貯水池、鋳物工場、ゴミ捨て場」と回答していたという。デジタルはもうぼくより賢く、賢いデジタルに悪者も依存する。

先日、イタリアを旅した際、会話をポケトークで押し通した。ＡＩの自動翻訳はじきにぼくの英語よりうまくなる。今の子どもの世代以降はもう英語を学ばなくてよくなるんじゃないか。自動翻訳の精度をうんと上げよう。汚名を返上し、日本はどの国より上手で上品な英語が話せるようになろう。

すると英会話学校や語学教師が大量失業する。大丈夫だいじょうぶ。そんな難しい仕事をしてきた人には次の仕事がすぐ見つかる。機械向けに正しい日本語をしゃべる仕事も生まれる。

ＡＩを手なづけよう。

馬車の御者は自動車で職を失った。だが自動車の運転手、信号機を作る仕事、宅配便やバス旅行会社、新しい仕事がうんと生まれた。ドアの開け締め係は自動ドアで失せた。憧れのタイピストはみんなタイプするようになって憧れでなくなった。コンピュータのパンチカードに穴を開けるキーパンチャーを知る人はもう少ない。だが、問題にはなっていない。

松尾豊『人工知能は人間を超えるか』は説く。80年代、10年で５７０億円を費やした通産省・第5世代コンピュータは、時代を先取りしすぎた。でも〝勝つために振る価値のあるサイコロ〟だった。そのために日本はＡＩに関する人材が厚い。

ぼくは通産省・第5世代コンピュータを横目でにらみつつ、電電公社の株式売却益をあてこんで、郵政省で自動翻訳電話プロジェクトを立ち上げた。それが社会人としての初仕事だった。

30年たってようやく成果を実感する。

松尾豊さんは説く。「音楽や絵画といった芸術の世界にもＡＩの進出は及ぶかもしれない。映画やテレビ番組などのコンテンツ制作、ファッションや食などでもこの手法が主流になることも考えられる」。クリエイティブもＡＩ。ＡＩがヒトに残してくれる領域はあるのか?

ＡＩには特化・専門型と汎用型がある。70～80年代のＡＩ研究は専門家ＡＩ、エキスパートシステムの開発が中心テーマだった。深層学習でＡＩが再ブームを迎えたが、既存のＡＩはみなこの特化・専門型だ。置き換えられる仕事も定義が明確な専門家の領域からになりそう。◯◯家、◯◯士、◯◯師、◯◯イスト、という肩書に入り込む。

汎用型のＡＩが実現するのはまだ先だ。となると、汎用屋は強い。何でも屋。よろず屋。キレイに言えばジェネラリスト。企画、調整、営業、実行をひと通りこなす人。環境が変わっても、それに応じて仕事の中身を変えていける人。「お手伝いさん」というのは案外、強い。子守り、掃除、洗濯、料理、何にでも対応できるというのは。

いずれ汎用ＡＩも実現するだろう。ＡＩが人の能力を超える「シンギュラリティ」は２０４５年とする説もあれば、２０３０年には汎用ＡＩが実現するという見通しもある。早くて２０３０年。遅くて２０４５年かな。生きている間にその瞬間を迎えられるのかな。

汎用ＡＩが登場すれば、人の仕事はかなり奪われる。駒澤大学・井上智洋准教授は、人間に残されるのはＣ：クリエイティビティ（創造性）、Ｍ：マネジメント、Ｈ：ホスピタリティのＣＭＨという〝人間くさい仕事〟だとする。それら職種の現従事者数から推計して、汎用ＡＩの登場により、人口の1割、１０００万人しか働かない未来となると予言する。

そうだ、「超ヒマ社会」が到来するのだ。

２０２０年に超ヒマ社会への扉が開いて、２０３０年ごろ、令和10年ごろにそういう社会ができる。ひとまずそんな想定をしておこうか。

人類、課題はヒマつぶしである。経済学の巨頭、ジョン・メイナード・ケインズは１９３０年、経済が豊かになれば余暇時間が増え、それをどう使うかが人類の課題になると指摘した。その後、余暇は増えたが、人は時間貧乏を感じている。高賃金の人ほど長く働く傾向がある。人が優位性を持つのはヒマつぶしだ。ロボットはヒマつぶしが苦手。ヒマなら電源切っとけ。

ヒマになっても、ヒマつぶしのために人は仕事する。その仕事で報酬を得られなくても、生産に寄与する行為を続ける。本人が仕事と思っていても、周りから見れば遊んでいる、そんなことを大勢がするだろう。

本気の遊びが重みを持つ。娯楽やスポーツ、恋愛や食事、芸術活動、創作活動。勉強や学習もそうだ。従来の仕事、報酬を得るための苦行ではない全てのことに9割のエネルギーが注がれることになる。

政府は「働き方革命」を旗頭に据える。柔軟な働き方を許すことは、モジュール的に時間やスキルをシェアする〝スマート〟な仕組みだ。でもＡＩ化による超ヒマ社会を見据えるなら、働き方革命より「遊び方革命」を起こせ。どう真剣に遊ぶのか。どうクリエイティブにヒマつぶしするのか。「男子一生の仕事」に代わる、「男女一生の遊び」とは何か。

働いて働いて働いて冬を越すアリはＡＩが担う。ぼくらは芸術に打ち込むキリギリスとなる。うまくＡＩアリを働かさなければならない。

あれは小学校４年生だった。

♫『トゥエンティー・センチュリー・ボーイ』（T・レックス）

国語の教科書に載っていた「アリとキリギリス」の文末に、キリギリスはなぜそうなってしまったのでしょう？とあった。

1．食べ物がなくなったから、2．遊んでばかりいたから、という設問があり、それを学級で討論した。

クラスが真っ二つに分かれた。ぼくは2．のグループだった。激しい意見の応酬となった。だんだんヒートアップ、挙句、殴り合いに発展した。放置していた女性の先生は、授業の終わりに一言「どっちも正解です」。なんやねん。それ早よ言えいうねん。鼻血出してるヤツもおるやないか。あれから半世紀近く。今になって思うに、回答の選択肢が足りない。

3．アリをマネジメントする能力がなかったから。これが正解となる。

IoTでモノとモノが交信する。モノはAIで知性を持つ。機械が人の能力を上回る。人類が到達したことのない地平に誘う。これをドイツは「第4次産業革命」と称す。農業、工業、情報業に次ぐ産業だと。しかし第3次と目される情報は産業革命だったのか。産業を変えた以上に、創造や表現を通じて文化を変えたのではないか。文化革命の色彩が強いのではないか。

18世紀の産業革命が３００年に一度の変化だとすれば、ＩＴによる情報革命は1千年に一度の表現の革新だ。そして、ＡＩ／ＩｏＴは人類が到達したことのない、1万年に一度の革新ではないか。それを「産業」に押し込んでは、戦略も過小なものになる。

そこで日本政府は「Society 5.0」だと言い返す。狩猟・農耕・工業・情報に次ぐ文明だと。産業とみるか、文明とみるか。どちらの物差しが間尺に合うか。ぼくは日本の見方に近い。

シンギュラリティは人類史を前後期に分ける。それまでには間がある。土地が農業社会の原動力だった。天然資源が工業社会の原動力だった。それが「知識」に移行するのが情報社会だった。ところが第４次産業革命やSociety 5.0の時代、その原動力が「データ」に移る。その資源の争奪戦となる。

データ主導社会。ＥＵがＧＡＦＡに対抗策を講ずるのも、アメリカと中国が貿易戦争でせめぎ合っているのも、みなデータを囲い込む企業・国家の主導権争いだ。土地や資源を求め人類は戦争を繰り返し、国連などの平和機構も作って収める努力を続けた。企業競争の時代となり、財・サービスと貨幣の行き来を巡って国際間での競争ルールも構築してきた。次はデータの攻防となる。そのルールはまだできていない。

デジタルを支配したのは50年前に唱えられた「ムーアの法則」だった。半導体の集積率は18か月で2倍になる。いつまでにどうなるかが予め見えている〝予見可能〟な半世紀だった。しかし、ＡＩで機械の能力が半導体レイヤから知能レイヤによって規定されるようになる。そこには支配法がない。〝予見不可能〟な世界への突入だ。それは、変化することが必定の世、ということでもある。

予見不可能。変化必定。不安定だよねぇ。不安だよねぇ。だから、変化を面白がれる人だけが生き残れる。

超ヒマ社会は忙しい

２０１８年12月、「仮想通貨」という呼び名を「暗号資産」に変えると金融庁は決めた。円やドルという法定通貨と違い、投機的な取引が多く、実態に合わせるということだ。

ビットコインは２０１７年の取引額が10兆円に達した。２０１４年にマウントゴックスが閉鎖。２０１８年1月にはコインチェック社のＮＥＭ流出事件が発生。これらを背景に２０１７年4月、資金決済法が改正され、取引所の登録制が敷かれた。こういう制度を持つのは日本のみだという。

暗号資産・トークンによる起業、ＩＣＯ（イニシャル・コイン・オファリング）も注目されている。一方、価格変動リスクだけでなく、詐欺、マネーロンダリングなどのリスクも高まった。金融庁は専門家によるモニタリングチームを立ち上げた。税制の論議も進んでいる。

重要なのは暗号資産の基盤であるブロックチェーンだ。ピア・トゥー・ピア（Ｐ ｔｏ Ｐ）ネットワークが支える、あらゆる取引が記録された世界規模の帳簿。「分散型台帳」とも称される技術だ。ドン&アレックス・タプスコット『ブロックチェーン・レボリューション』は、情報のインターネットに対し、ブロックチェーンは〝価値とお金〟のインターネットであり、信頼のプロトコルだと評する。分散、パブリック、高セキュリティが肝だという。

Airbnbもウーバーも情報の集中による手数料ビジネス。ブロックチェーンを使えば各メンバーが組織を飛ばして主体的に運営できる。ホテルやタクシー会社を飛ばすシェアエコ企業を、さらに飛ばす。

オープンなネットワーク型企業が主流になる。政府もオープンになる。利益団体の影響力は衰える。誠実で透明度の高い政治となる。クリエイターが業界の世話にならなくても作品の対価を受け取れる、んだそうだ。よさげ。個人同士で全取引が完結する。仲介するコアのない〝脱中心〟の世界を突き詰めれば、国家も企業も不要になっていきそうだ。パンク。

何やらブロックチェーンはインターネットでいう1994年ごろの感じ。あのころネットって、スゴい感がスゴかった。旧来の通信を技術的に覆し、圧倒的なコスト低下をもたらす。1

分500円だった国際通信がタダになる。コミュニケーションが爆発し、表現の民主化が進む。全ての情報がデータ化し、マルチデバイスで統合コンテンツが流通する。

自律分散・民主化が進む。映像・音声表現の創造と発信が進む。アトム＝現実空間がビット＝バーチャル空間にも進出し、新ビジネスが生まれる。ぐらいの展望は描けていた。ビットがアトムにも進出するIoTもその後まもなく登場。パーソン・トゥー・パーソン（P to P）がマシン・トゥー・マシン（M to M）に進むことも展望できた。

ブロックチェーンも破壊的な未来を展望させる。だがまだ手触り感に乏しい。技術の描く実像が固まっていない。ブロックチェーンが全ジャンルにどう適用されるのかの本質は抽象レベルにとどまっている。それはブロックチェーンがピア・トゥー・ピア（P to P）、非対称鍵暗号、暗号学的ハッシュ関数、スマート契約などの要素技術の複合体で、ネットに比べて体系がわかりにくいせいもある。

ブロックチェーンがピア・トゥー・ピア（P to P）を完成させるまでの間、パーソン・トゥー・パーソン（P to P）はスマホとソーシャルメディアが担う。PC、ケータイ、インターネット、コンテンツからなる〝デジタル化〟が一巡した後、スマホ、クラウド、ソーシャルメディアからなる〝スマート化〟がやってきた。そしてシェアという産物をもたらした。所有より〝いいね〟を求める人々を生んだ。時間やスキルといったバーチャルを共有する方向へと動く。

その価値を可視化するサービスも現れる。個人の価値を株式のように評価し、ビットコインで売るVALU。人の能力や価値を数字にして共有・流通する仕組みだ。ソーシャル上での人のコンテンツ化を進める。

人の価値はAIが弾く。個人データで信用や将来性を測るスコアリングが普及する。通信料の支払い履歴やSNSの友人などのデータを評価して融資が受けられる。そんな恩恵も受けられる。でも、低スコアの人にはつらい渡世となる。差別や偏見につながる可能性もある。慎重に使おう。

自分の価値を認識し、自己をコンテンツ化する。時間やスキルをモジュール的に提供する。何足も履いたわらじをあちこちに脱いでいく。それが超ヒマ社会の働き方・遊び方になる。

提供する時間やスキルのポートフォリオを設計する。ソーシャルでシェアする。専門的なスキルを8時間×5日提供し続ける。1日を4時間＋4時間に2種兼業する。8時間を週3日と

2日に分ける。5種兼業で毎日仕事を変える。何だってアリだ。いや、週1日だけ働いて、残りの日はAIに存分に働かせる、というのがスタンダードかな。

AIをマネジメントする能力こそが人のコンテンツ価値になりそう。使うAIのアルゴリズムとマシンの性能と、学習済みモデルの優秀さに左右される。自分の配下であるAIアシスタントがどれだけ仕事をしてくれるかだ。

稼ぐインセンティブは、よりよいAIを入手するため。素敵な服やゴージャスな食事よりも、いいAIが欲しいわぁ。そして超ヒマ社会のぼくのヒマつぶしは、もっぱらわがAIの調教となる。かしこくなあれ。かしこくなあれ。そして一刻も早く、ぼくの代わりに稼いでおくれ。

人口の1割だけが働いて、9割が遊んでいる、という姿は想定しづらい。ほとんどの人がちょっとだけ、ちょっとずつ働いている、ってことになるんじゃないか。それも、働いているんだか遊んでいるんだか判然としない、そして結構忙しくしている、って感じに。

産業革命から近代、現代に至り、機械化が進み、自動化が進み、便利になり、効率的になった。移動もコミュニケーションも自在となった。野良仕事や単純手作業から解放された。ヒマになった。で、ぼくたちはボーっと生きてる。ってことはなく、逆に、とってもあくせくしている。忙しいぞ。仕事も遊びも暮らしもスピードアップしている。

ＡＩが仕事を奪ってくれる。ぼくらは彼らに仕事を委ねてやる。だからといってボーっと生きることは多分なくて、代わりの仕事がわらわらと生まれてくる。空いた時間にすべきことがエンタメにしろ創作にしろ恋愛にしろ、ぎっしり現れてくる。超ヒマ社会は忙しい。

東京大学先端科学技術研究センターの檜山敦博士は、複数人で1人分の仕事を行う「モザイク型就労」を提案する。1．時間を組み合わせるタイムシェアリング就労、2．遠隔操作ロボットやＶＲによる遠隔就労、3．複数人のスキルを組み合わせるバーチャル人材合成の3種類を唱える。汎用ＡＩを待たずとも、これはシェアエコの文脈で実施すべきだ。

個人ができること・やりたいことのスキルリストと時間割を作って、モジュールとして提供する。それをシェアサービスで共有する。それらモジュールをモザイク状に組み合わせて仕事を設計する。これだ。

♫『Are You Gonna Go My Way』（レニー・クラヴィッツ）

ＡＩに至らずとも、デジタルはぼくを変えてきた。ここんとこ、読む書籍の数が年１割ほどのペースで減っている。電子書籍を含めてもだ。しかし、読む総量は格段に増加している。読む時間も。デジタルで。きみはどうだい？

書く分量も増えた。そのスタイルも一変した。この10年ぼくはTwitterを起点に文章を組み立てている。日々のメモをツイートし、Facebookに転載。その後まとめてブログ化し、それがネットメディアや紙メディアに転載されていく。

読みものの深度や書く質は下がった可能性がある。だが、情報の消費、創造、発信は、量・速度ともに格段に高まり、トータルでの効用は超プラスだろう。なんとかＩＴを手なづけてきた、と思う。

大人になって読み書きのスタイルが移行するのは自己責任だが、子どもからデジタルスタイルに入る場合、つまりぼくらより大量に、短文を読み・書く諸君の場合、創造性も豊かになるのだろうか。そう願う。

ＡＩはそこに登場する。ぼくらがＩＴをそうしてきたように、諸君はＩＴに加え、ＡＩも手なづけてもらいたい。うんと賢くなって、うんと楽しく過ごしてもらいたい。

国会答弁は全部ＡＩが書く

ここで試験問題を出します。

え、聞いてない？　いやだってコレぼくの授業だから。ボーっと生きてるとチコちゃんが叱るぞ。

問題：超ヒマ社会に導く政策を考えよ。

ヒントだけ出しておこう。

ＡＩ開発の競争で日本は出遅れた。ＧＡＦＡ、ＩＢＭ、マイクロソフトなどアメリカ企業が先行している。というより制している。中国は国を挙げて対抗し、フランスも官民で追撃する。

80年代のＡＩ加熱がしぼんでから日本は静まった。ぼくが90年代末にＭＩＴにいたころもマービン・ミンスキー教授らＡＩ一派がブイブイ言わせていたものの、日本企業の関心は薄れていた。

ここに来て深層学習で再び火が点き、慌てたころには税金で支援するレベルをはるかに超え、米中企業が兆円単位を投ずる競争になっていた。日本の出遅れは政府の研究問題ではなく、企業の投資問題だ。

柳川範之東大教授は、ＩＴベースのシェアリングやブロックチェーンと、ＡＩベースのサービスとを新インフラとみて、新インフラへの民間投資を高める戦略を唱える。道路、空港、水道、電力。これまでのインフラは国・自治体など公共の役割とされてきたが、新インフラは民間企業がタダで提供する。対価はデータだ。

その投資を促進し、利用の恩恵を幅広く行き渡らせる処方が政策となるが、これらＩＴ・ＡＩ系インフラは国境を越え、強力なグローバル企業が席巻する問題を抱える。国家パワーも太刀打ちできない。公共の役割や国によるコントロール法を構築してきた公共経済学が根本から揺らぐ。

ＡＩは応用研究が難しい状況である一方、基礎研究には理化学研究所のＡＩＰセンターを中心に推進体制が組まれている。若き杉山将センター長は言う。「汎用・基礎研究は個人勝負。数理に強い研究者による直球の原理勝負だ」。強く期待する。

理研は社会課題の解決にも注力する。ＡＩ倫理、プライバシー、制度なども研究対象としていて、文理融合でＡＩ社会の構築を目指す。ＡＩが世間に希望だけでなく不安も与える中、研究開発の本丸が世間と対話をすることが大切。ぼくは対話役であるコーディネイターを引き受けている。

日本はＡＩの開発大国以上に利用大国を目指すのがよい。勝機もそこにある。ＩＴ・モバイル技術の利用で女子高生が絵文字や写メを文化にしたように。アメリカ産技術の利用でテレビゲーム産業を生んだように。ポップカルチャーなどの得意分野で、あるいは福祉・介護や防災など日本が課題先進国として取り組むべき分野で、新技術を先導的に取り入れる。そこから産業・文化を生めばいい。

政府には理研などの研究に政策資源を集中投下してもらいたい。そしてそれ以上に、ＡＩを積極利用するよう誘導してもらいたい。まずは自ら使うことだ。局長や審議官のポストをＡＩに与えて働かせよう。国会答弁は全部ＡＩが書く。読むのもＡＩでいい。

ぼくは早く仕事をＡＩに任せたい。ぼくをぼく以上に知り、ぼくを代行してくれる個人アバター、早く出現せよ。ぼくは全こづかいを投じ、アバターを育てる。そいつはぼくよりうんと賢くて、うんと判断力のあるヤツになる。とっとと仕事を任せる。日々の職務の7割は任せられる。ぼくは超ヒマで創造的な、めくるめく老後を送る。
♫『サティスファクション』（ザ・ローリング・ストーンズ）

課題もある。どこまでぼくはそいつにぼくを委任することが許されるか。そいつがしでかした発言なり指示なり約束なり契約なりを、どこまでぼくが責任取れるのか。そろそろ、その仕組みも考えたい。

マレー・シャナハン『シンギュラリティ』は、デジタル個人アシスタントの可能性をにらみ、AIへの権利、人格を与える議論を進める。マンガ家・赤松健さんが政府・知財本部でAIの人格論を持ちだしたことを想起させる。

AIの人格、というか「AI格」。AIは複製・分割・結合される。それをどう見る。市民権は国家にヒモづいてきた。AIも国家にヒモづけるのか。脳のエミュレーションはOKか。精神のアップロードはOKか。ならばぼくの脳と精神はバーチャル空間に生き永らえる。生命延長装置が誕生する。ＯＫか。制度設計は難問だ。

１９９２年、ネット前夜。郵政省に「ニューな茶のみ環境を考えるハイエージメディア対策本部」という研究会があった。脳のダウンロード、表象のみでのコミュニケーション、盆栽翻訳通信などを展望した。委員はいとうせいこう、しりあがり寿、ＡＶ女優の豊丸、宜保愛子ら。ぼくが事務局。不謹慎だと週刊誌に叩かれもした。だがこれは未来を展望した政策論だった。こういう作業が改めて今必要だ。

２０４５年のシンギュラリティを予言した科学者レイ・カーツワイルさんは、汎用ＡＩや機械と融合するポスト・ヒューマンが地球を支配すると言う。脳に電極を刺すことも厭わない。ぼくもやってみたいな。その現実は近そうだ。

既に金融取引の７割をＡＩが担っている。仕事は奪われる。ただ、古い仕事が失われても新しい仕事が生まれるというのが経済学の教え。ブリニョルフソン／マカフィー『機械との競争』も、産業革命時のラッダイト運動を引き合いにして、長期的な楽観論を見せる。産業革命の第１ステージ＝蒸気機関も、第２ステージ＝電気も、多くの労働者を生んだ。産業革命の第

3ステージ＝コンピュータとネットも長期的にはそうだと説く。

でも、ＡＩとロボットは、本当に我々の仕事を増やすのだろうか。人に置き換わって働く頭脳＝ＡＩと、身体＝ロボットは、これまでの技術と違い、ホントに仕事を減らすだけ、ってことはないだろうか。

鍬で耕作していた農民が、トラクターを得て農薬を得て、うんとラクに大量の農作物を作るようになった。ＡＩとロボットが全てそれを肩代わりして、何もしなくても収入を得る。仕事が奪われるというより、仕事から解放される。その意味合いが濃いのではなかろうか。

シャナハンは言う。有給労働の総量は今後、確実に減少していく。製品とサービスが経済的な底辺層にも行き渡る豊かな時代。教育が与えられる平等な時代。空前の文化表現の時代となる。……そうなってくれ。

彼らが半分の仕事を奪うというのは、半分の生産を引き受けてくれるということ。ぼくたちが半分働かなくなって、世の中の生産量やＧＤＰが変わらないとして、それで世の中が回るのか。

彼らが働いた報酬がGAFAやアメリカや中国に回ってしまいやしないか。うまいルールができないと、戦争です。これは知恵をしぼって何とかしよう。

国内では、AI企業の従業員だけが儲かって、後は失業となりはしないか。うまく収められないと、革命です。それは分配論の問題だ。

その回答案がベーシックインカム（最低限生活保障、最低限所得保障）。働いている、いないに関わらず、国民全員に生活に必要最低限のお金を支給する。社会福祉コストが増大する超高齢化社会に向けた政策プランだ。

社会保障システムを丸ごと変える大胆な策だけに、成り立つのかの分析が必要だ。まずはいくらのベーシックインカムなら社会保障廃止が実現できるのか、の数式。その上で、全ての人に最低限所得を渡すことが労働意欲に与える影響と、それが経済にもたらす影響。これが成り立つなら、AI・ロボットが仕事をしてくれても結構、働くヤツは働くさ、となるかも。

スイスは一人月28万円を提示して国民投票にかけ、否決された。駒澤大学・井上智洋准教授は月7～8万円を提示する。中央大学・森信茂樹教授は月10万円弱として、60兆円ばかりの課税が必要という答案を寄せる。社会経済との折り合いを考えよう。理系・文系の〝学〟の出番だ。

労働政策が大切。モジュール的に働く第一歩は、兼業を認めること。いや兼業を推奨すること。副業を認めることは産業界にも兆しが見える。今後は3足、4足のわらじがデフォになる。

ぼくは以前、官僚というブラックな職業で、残業200時間休みなしの日々を送っていた。脱出してからは何が本業なのか不明確な、たくさんのわらじ暮らしだ。大学の教員、企業の役員、社団やコンソーシアムなど公共団体の代表、政府の委員など、職業としても4種あって、モジュール的。しかも仕事と称し、ライブに出かけたり、飲み会を催したり、はたから見れば遊んでる。まぁそんな感じになっていく。

移動社会への対応も増す。速水健朗《はやみずけんろう》『東京どこに住む?』は、圏外から都心部への集中が進み、移動すること、場所を変えることが大事な能力になると説く。リチャード・フロリダ『クリエイティブ都市論』も、社会的な階層の移動と地理的流動性は密接に関わり、移動する能力の有無によって人生の可能性が大きく左右されることを示唆する。動け、ということ。

これはＩＴが人と人の間の直接的コンタクトの需要を生み、スマホの普及で近い距離の価値が高まった効果でもある。〝遠さ〟を克服する通信が〝近さ〟を際立たせる。リアルな場に固まって過ごしつつ、それら場の間を移動し続ける。

政策論としては、通信政策（5Gなどデジタル基盤の整備）、都市政策（地方再生・分散の逆の都市集中政策）、社会保障政策（ベーシックインカム）、教育政策（リカレント教育を支える規制緩和と教育情報化）といった項目が浮かぶ。

ヒントになったかな？

2 超ポップ戦略

世界で一番クリエイティブな国

クールジャパンは外来語

超ヒマ社会は、めくるめくエンタメ社会である。ポップでクールなエンタテインメント人生となる。テクノロジーでエンタメは、ポップカルチャーはどう拡張するのか。超ヒマ社会では、エンタメは、ポップカルチャーはどう活きるのか。

大阪出身の女性バンド「少年ナイフ」。80年代にぼくがディレクターを務めた。90年代、マイクロソフトのCMでローリング・ストーンズの後釜に座り、ニルヴァーナの世界ツアーのパートナーも引き受けた。世界で最も有名な日本のバンドだった。

その人気を上回るアーティストが登場した。初音ミクだ。２０１２年ロンドン五輪の開会式で歌ってほしい歌手の国際投票で1位を獲得した。本番ではポール・マッカートニーが『ヘイ・ジュード』を歌い、実現はしなかった。だがこれは、日本のデジタル・ポップが世界的な定着をみたことを示している。

ロンドン五輪の開会式ではジェームズ・ボンドが女王陛下を空中からエスコートした。Mr.ビーンがシンセサイザーを演奏した。デヴィッド・ベッカムがアシストして、ポールが登場。クール・ブリタニア。よかったね。そこでぼくはロンドンの学生1000人に聞いてみた。TOKYO 2020は誰が開会式の壇上にふさわしい？

残念ながら政治家の名は挙がらない。残念ながらアーティストもスポーツ選手も挙がらない。挙がったのは、ガンダム、孫悟空、ピカチュウ。彼らが〝日本人〟かどうかは知らん。けど、日本を代表することはできる。日本はキャラクターの国だから。ハラキリ、カミカゼの闘う国というイメージはもうない。トヨタ、ホンダ、ソニーの闘う企業のイメージもない。ナルト、デスノート、ワンピース、ブリーチ、ユーギオー、セーラームーン、コナン、グレンダイザー、カウボーイビバップ、ランマ。日本はポップカルチャーの国なのだ。

2016年リオ五輪の閉会式。キャプテン翼、ドラえもん、パックマン、キティちゃんに次いで、土管から安倍マリオが登場した。かつてマンガ・アニメ・ゲームは国の規制対象でしかなかったが、今や国宝であることを地球の裏側で示した。

ガラリと顔が変わった。今世紀の初めには、変わっていた。

香港で会った高層マンションに住む20代の女性。

「日本に住みたいです」

—なぜ?

「だって日本人はみんな一軒家に住んでいるから」

—ぼくは一軒家に住んだことはないけど? 誰が住んでるの?

「ドラえもん」

—おう。

「ちびまる子ちゃん」

—ああ。

「クレヨンしんちゃん」

—うん。

「アラレちゃん」

—ねぇ日本の総理大臣、知ってる?

「知らない」

―ソニー、トヨタ、ホンダのCEOは知ってる？

「知らない。知ってるの、その人たちだけ」

ドラえもんやアラレちゃんが〝日本人〟かどうか、こっちが知らない。が、彼女にとって日本の顔だというのは定かだ。

アニソン『キューティーハニー』（前川陽子）をバックに踊りまくる男ども。日本の女子高生のコスプレ衣装を着た女たち。ガングロもヤマンバもいる。コスプレ、かぶりもの、ビジュアル系、キワモノ、ロリータ、ゴスロリ。マンガコーナーでは、フランス語訳だけでなく、日本語版のオリジナル作品もずらりと並ぶ。アニメDVDに群がる腐女子風、PSPで最新ゲームを試す子ども、刀、ぬいぐるみ・人形、そしてライブ。たこ焼きに長蛇の列。ラーメン、カレー、餃子丼、牛丼、うどん、おにぎり。

初夏にパリ郊外で開かれる「ジャパンエキスポ」の会場だ。マンガ・アニメ・ゲームを中心とするポップカルチャーと、書道や武道・茶道・折り紙などの伝統文化を合わせた、日本文化のフェスティバル。2000年にスタートし、2018年には4日間で24万人が足を運んだ。

ロサンゼルス「アニメエキスポ」35万人、バルセロナ「サロン・デル・マンガ」15万人、ロンドン「ハイパージャパン」13万人。欧米・アジア各地で開かれるポップカルチャー祭は会場のキャパオーバーに悩む。フランクフルト大学の日本学科は教授が2人しかいないのに、日本のポップカルチャー熱で学生が500人もいる。キャパオーバー。

スタンフォード大学ロバート・ラフリン教授は1998年にノーベル物理学賞を受賞した。そこでぼくは聞いてみた。

―ノーベル賞を取って一番うれしかったことは?

「オートモのサインをもらえたことだ」

―AKIRAやスチームボーイの大友克洋さんか?

「大友さんにファンレターを出し続けていたがなしのつぶてだった。ノーベル賞の報告をしたらサインが送られてきた。ノーベル賞はスゴい」

ノーベル賞より、大友さんの方がスゴい。後日ぼくは大友さんにラフリン教授がそう言っていたと話した。大友さんは誰のことか覚えていなかった。

アメリカでもヨーロッパでも日本のマンガが現地コミックをしのぐ人気をみせる。古来、横書きで左とじの本を読んできた欧米では今、右手で開く右とじの日本マンガの翻訳版が書店に並ぶという文化史的な現象が進んでいる。

パリ郊外、ラ・デファンスの書店に入った。フランスのマンガ、バンド・デシネのコーナーよりも、日本マンガのコーナーの方がうんと広い。その一角にアルファベットで「YAOI」と書いてある。下に小さい文字で「Boy's Love」とある。BLはともかく「やおい」という言葉を知る人は日本人でも多くあるまい。だがラ・デファンスの子どもたちが最初に知る日本語は「やおい」なのかも知れない。日本では絶滅した、いや駆除したはずのガングロやヤマンバがここでは生き永らえる。その文化の伝搬力、浸透力たるや。

尖閣問題に怒った中国人は「リーベングイズ（日本鬼子）」と激しくののしった。日本のネット民は萌えキャラ「日本鬼子（ひのもとおにこ）」を作って先方を膝カックンにした。その時期に北京大学の政治学部でぼくが講義をしたところ、数十人の博士課程の学生たちから日本のアニメ、ゲームについての質問攻めにあった。そんなにスキなら尖閣騒ぎ止めてくれと頼んだ。

彼らに、好きな日本人は？と聞くと、３位 宮崎駿、２位 ドラえもん、１位 蒼井そら、であった。海賊版で見ているという。おい政治学部。

１９３７年に盧溝橋事件が起きた場所に近い「中國人民抗日戦争記念館」。中国軍、日本相手にかくかく戦えり。残虐な絵がこれでもかと飾ってある。その売店には、テニスの王子様のキーホルダーやキティちゃんのペンがあふれていた。なんだいやっぱりスキなのか。

櫻井孝昌『日本が好きすぎる中国人女子』によれば、「アニサマ上海」では1万人の中国人が日本語でアニソンを熱唱するという。中国人女子はオタクという言葉や、ＢＬと腐女子も誇りに思っているという。ＢＬ女子が実に元気だという。彼女たちを元気にしている。

ダグラス・マクグレイさんが、クールジャパンという言葉のきっかけとなった論文『日本のグロス・ナショナル・クール』を発表したのは２００２年。グロス・ナショナル・クールとは、ＧＮＰ（グロス・ナショナル・プロダクト：国民総生産）になぞらえた概念で、「流行文化力」とも称すべきクールな（かっこいい）価値を国力の指標にみたてたものだ。クールジャパンは外来語なのだ。

冒頭、こう記す。「日本はスーパーパワーを再生している。政治経済の逆境というよく知られた状況に反し、日本の国際的な文化影響力は静かに成長してきている。ポップミュージックから家電まで、建築からファッションまで、そしてアニメから料理まで、日本は80年代の経済パワーがなしとげた以上の文化的スーパーパワーを示している……」。

2002年には世界に日本のポップの力が認識されるもう一つの事件があった。宮崎駿監督『千と千尋の神隠し』がベルリン国際映画祭でグランプリ（金熊賞）を受賞したのだ。八百万《やおよろず》の神々が棲むユビキタスな空間を生き抜く少女の成長物語。この難解なアニメが名門の映画祭で評価された。世界の興行史上トップはジェームズ・キャメロン『アバター』だが、今もこの作品が日本の興行成績1位。日本のポップは審美眼のあるオーディエンスが支える。

ぼくらは自由だったんだ

日本ポップカルチャーの特徴は何か。7点挙げておく。

1．輸入

海外から技法を輸入し、独特の発展をみせる。アニメもゲームも元は舶来技術。制服もゴスロリも洋装を日本が発達させたもの。昔からそうだ。鉄道技術と紡績技術をイギリスから輸入し、今は鉄道システムとファッションを輸出している。〝クール〟とされるものはほぼ輸入・加工して輸出しているものだ。

インド人がおみやげにするカレーのルー。フランスからのインバウンドさんが飛びつくクレープ。フェスまで開かれる餃子。中国にない中華丼も天津飯も派生系だ。45年前にアメリカから渡ってきて、今ビジネスが海外で展開されるコンビニ。

「クールジャパン」という言葉も海外から持ち込まれた。外交における「ソフトパワー」論を提唱したハーバード大学ジョセフ・ナイ教授も日本はポップカルチャーを活かすべきと提言し、日本での議論が盛り上がった。日本自らプロデュースしたものではなくて、海外から発見されて入ってきたブームだったのだ。

海外生まれだから海外に持ち出ししやすいという面もあろう。逆に言えば、純和風のものはクールジャパンではない。寿司、日本酒、和服、歌舞伎、これらは「ジャパン」である。

2. 多様

マンガ大国ニッポン。本の発行部数の7割がマンガ。そんな国はほかにない。ヘンだ。圧倒的なジャンルの多様さが特徴だ。SF、スポーツ、食べ物、歴史、哲学、恋愛、教育、政治、経済、ギャグ、エロ。あらゆるジャンルがある。子ども向け、青年向け、女性向け。あらゆる層向けの雑誌がある。家電のマニュアルや政府の広報にもマンガがある。アニメもゲームも同じ。これほど多様なジャンルを生む国はない。

赤坂にあるぼくのオフィスから半径100メートル以内には、中国、韓国、タイ、ベトナム、アメリカ、イギリス、フランス、イタリア、ドイツ、ベルギー、スペイン、ポルトガル、トルコ、ナイジェリアのレストランがある。これほど各国料理のレストランが集う国はない。

3．技術とデザインの融合

任天堂がゲーム機とスーパーマリオを同時に作った。技術・ものづくりの力と、コンテンツ・表現の力とを組み合わせるのが得意。ボーカロイド技術とアニメキャラとを組み合わせた「初音ミク」が典型だ。

アメリカで日本のお菓子がウケている。おいしいお菓子を作るものづくりの力。キノコの形のチョコや魚の形のクッキー、カールおじさんやペコちゃんという特定の商品のみに現れるキャラというデザイン。その組み合わせ。

留学生がマッサージチェアを自国に持ち帰りたいと言う。きめ細かくツボを押さえる技術と、居間に置いても素敵なデザインが魅力だと。コスプレもそうだ。自分で衣装を作って、自分で着て、参加する。作る力と表現する力、技術とデザインのドッキング。

4．大人と子どもの未区分

電車で大人がマンガをむさぼり読み、アニメにハマる。西洋のマンガやアニメには子ども向けコンテンツしかない。日本の子どもは高額所得者で、安全なので自分でゲームソフトを買いに行く。子ども服とレディースがハッキリ分かれる西洋と違い、ティーンズファッションが発達している。生まれてすぐ寝室が分けられる西洋と違い、親子は川の字で寝る。子どもと大人の文化的な境目がない。おとなが子どもっぽいのか、子どもがおとなっぽいのか。

♫『オトナチック』（ゲスの極み乙女。）

元アスキーの福岡俊弘さんから聞いた。日本の女子高生コスプレをしているフランス娘に聞くと「制服は自由の象徴だ」と答える。日本では縛りつける象徴の制服が、子ども vs 大人という西洋のくびきを解き放つ道具になっている。

5．庶民文化

武家文化でも貴族文化でもなく、大衆の文化が中心。浮世絵は庶民が刷り物として持っていた。江戸時代、子どもも浮世絵を買っていた。大衆の審美眼。道を聞かれれば地図を画像表示でき、1億人がタテ笛を吹ける、その表現力。それが土台だ。

このような文化の発達は、優れた作家を輩出するメカニズム以上に、そのオーディエンス層の厚さに依拠する。製造力は、審美眼に立脚する。年齢や性別を問わず、電車の中でゲームに興じ、学校でも職場でもマンガを読む環境がポップカルチャー産業の基盤をなす。

かつてポップカルチャーは、一部のプロフェッショナルが創作し、大衆が受け取るという一方通行だった。デジタル技術で、大衆が自ら創作し、表現し、発信し、共有する双方向の有機体へと変貌した。〝だれでもピカソ力〟を発揮できるようになった。一人ひとりのポップ力が問われ、発揮される。図画工作、音楽の時間を倍増して維持しよう。

6．参加

２００７年にアメリカ企業が行った調査では、世界の全ブログの37％が日本語で、英語の36％を上回り1位。２０１４年の調査では、モバイル利用者の平均情報発信量は日本人は世界平均の5倍で断トツ1位。実は情報の生産・発信力が高い。

アマチュアのクリエイターとファンのバザール「コミケ」は、年間500億円という映画興行収入の1／3もの売上をみせる。「初音ミク」は作詞、作曲、歌ってみた、踊ってみた、いろんな参加法によって、みんながソーシャルメディアの上で育てた。参加型で育んだ文化だ。

日本在住の外国人が日本のクールなものを取り上げて論議するNHK BS『COOL JAPAN』。2006年から続く、ぼくも出演する長寿番組。番組の企画で、銀座を行き交う人にカラオケ機で一曲頼んでみた。日本人はみんな歌ってくれた。外国人は全く歌わなかった。逆の結果を予想していたので驚いた。恥ずかしがりと自己規定していたぼくらは、実は歌いたがりだった。

「ステージ」の巻でも、日本人は議論や主張は苦手だが、踊ったり演じたりする表現の敷居はとても低い、という面が明らかになった。「ネットコミュニケーション」の巻では、ネットでの発信や絵文字コミュニケーションが異常に発達していることを知った。日本人の自己認識を問いかける。

7．自由

規範、規制が緩い。社会的な規範や宗教的な規範が希薄だ。なので、エロ表現や暴力表現などの縛りが緩い。エロ、暴力がある種、国際競争力となっている。なのでハレーションを起こすこともある。

『ドラゴンボールZ』がフランスで空前のブームとなり、社会問題になった。ずっと殴りあっているから。ヨーロッパではあのコンテンツは生めない。あれを規制しなくても日本は社会としてやっていけるのだよ。東京都が青少年向けマンガを規制する条例を作って騒ぎになったが、お上が口をはさまなくとも、庶民の間でうまい具合にやってきた社会なのだよ。

セクシーなフィギュアは日本独特。欧米では性的でエロな表現はタブーだ。日本ではセクシーもエロも線引きはあいまいで、かなり踏み込んだ表現がまかり通る。春画に代表されるように、昔から大衆文化としておおらかに受け止められていて、エロマンガもエロアニメもエロゲームもジャンルとして成立している。

モロッコを訪れた。子どもたちがみなポケモンのTシャツを着ている。「おじさんはピカチュウの国から来たんだよ」と言うとブーイングを食らった。「ピカチュウはモロッコ人だ」と言う。その後サウジアラビアのイスラム聖職者トップからポケモン禁止令が出された。浸透しすぎということか。

ゴジラは水爆によって生み出された生物で、戦後人類に警鐘を鳴らした。そこから映画やテレビでいろんな怪獣が登場し、人類の敵だったり味方だったり、とても多様な怪獣が生まれていった。神様の化身という怪獣も多いけれど、八百万の神々が住む日本だから、たくさんいても違和感はない。生物を生み出すのは神様だけというキリスト教的な縛りもない。

「海外の街を歩くと、世界はファッションに関して意外なまでに保守的なことに気づく。十代や二十代のファッションが存在しない、自分が着たい服で街に出ることができない。パリやニューヨーク、ミラノに暮らす若者たちは、自分の街がオシャレとは思っていない。でも、日本では自由に好きな服を着て街を歩くことができる」（櫻井孝昌『日本が好きすぎる中国人女子』）

西洋も東洋も、食堂では食べ物を最初に注文し、皿が順番に出される。居酒屋では、おのおのが好きなものを好きなタイミングに注文する。他人が頼んだものに箸をつけてもよい。シェアが許される。居酒屋スタイルも自由さの現れだ。食べ放題や飲み放題は日本だけ、とも聞く。

ぼくらは自由だったんだ。

創造力の源はおかあさん

ＮＨＫ ＢＳ『ＣＯＯＬ ＪＡＰＡＮ』に出演する外国人や、ぼくのもとに来る留学生たちの話には日本ブランドの広がりを感じる。彼らが面白いと感じるのは、マンガ・アニメ・ゲームといったポップカルチャーだけではない。ものづくりやサービス、社会システムやライフスタイルにまで及ぶ。

今や日本ポップはディスプレイを脱した。例えばロボット。マンガやアニメにインスパイアされつつ、生きるコンピュータとして発達を遂げる。あるいは自動販売機。日本は麺も寿司もバナナも卵も下着も買える自販機大国。ＡＩにＩｏＴ、５ＧにＶＲ、８Ｋにブロックチェーン。新技術はさらにポップを塗り替えていく。

同番組の司会者、鴻上尚史さんが著した『クール・ジャパン!?』は洗浄器付き便座や１００円ショップなどのスゴさを紹介する。番組を通じて海外の評判を知ったものも多い。

「水族館」。日本人の水族館好きがハンパなく、ハイテクな文化を築いている。「宅配便」に驚嘆する人も多かった。時間やコースがあり得ないレベルで細かく管理されている。

ぼくが出演したテーマ。ポップカルチャーものでは、マンガ、アニメ、ゲーム、音楽、ヒーロー、ゆるキャラ、忍者、ステージ、カラオケ、おもちゃ、フィギュア、秋葉原、制服、ファッション。

だがそれ以外のものも多い。食は、麺、どんぶり、ラーメン、居酒屋、レストラン、うま味、冷たい麺、家庭料理。他には、友達、いやし、買い物、夏、子育て、イケメン、ギャル、女子、恋人、本、学校、部活、犬、猫、水族館、コンビニ、デコレーション、インスタント、ネットコミュニケーション、ボランティア、カバン、掃除道具、観光、自動車、船、宅配便、日本発祥スポーツ、メガネ、防災、刃物、礼儀、歳、涼む、マナー、出会い、昭和レトロ。〝クール〟は幅が広い。

いくつかピックアップ。

「食堂」

3大日本料理、寿司、天ぷら、そば。立ち食い屋台で、客の目の前で作るスタイルがルーツ。どんな素材でどう作っているか、客を信用させる。寿司屋のカウンターは寿司職人と客が最もコミュニケーションをとりやすい距離を計算して板の幅が決められている。

「家庭料理」

世界で最もクリエイティブなのは日本のおかあさん。スキヤキや天ぷらは無論、餃子、カレー、フレンチトースト、パスタ、ハンバーグ。和、中、印、仏、伊、独、どこの国の料理も作る。イタリア人「うちのママはイタ飯しか作らない」。中国人「うちの母は中華しか作らない」。そう番組で証言していた。レシピ投稿サイトが人気になるのは日本ならでは。創造力の源はおかあさんだったんだ。

♫『MOTHER』(PUFFY)

「調理実習」

調理は食材を選ぶ、切り刻む、組み合わせる、もてなす、片付ける。マルチタスクで大変。自分の国の文化や材料がどう作られているか。親はどれだけ苦労しているか。それを学校で理解する。

「部活」

ネットでは日本の部活を撮影した動画が人気。ブカツと入力すると各地の学校の動画が大量にヒットする。『キャプテン翼』、『スラムダンク』、『テニスの王子様』、『けいおん！』。人気のマンガやアニメにはブカツのお話が多い。

「駅」

世界で最も乗降客が多い駅は、新宿。２位が渋谷。３位が池袋。世界トップ１００のうち83が日本の駅。駅大国なのだ。自動改札機は１９６７年、オムロンが生んだ。新宿駅は11本の路線が乗り入れるが、乗り継いだ運賃を瞬時に計算し、こっち側からもあっち側からも、ドアを開けたり閉めたりする。０・２秒ごとに処理し一日３５０万人をさばく。驚異的な技術とインフラだ。

まだまだある。

・「ママチャリ」を開発するマーケティング力。
・商品の「包装」が示すキメ細かいサービス力。
・世界に例のない、数百年続く「老舗経営」のビジネスモデル。
・「交番」という住民に親しまれる地域管理システム。
・子どもがおもてなし精神を育む教育システム「給食当番」。
・摩擦熱で消せる、20億本が１００カ国以上で売られている「ボールペン」の技術。
・年に70％の商品が入れ替わる「コンビニ」のスピード感。
・みやげの定番になった包丁、爪切りなど日本の「刃物」。
・日本人の「掃除」好きは世界に認知されたクールさ。

ネタは尽きない。

クールジャパンの悩みはビジネスだ。2004年に政府は「コンテンツビジネス振興を国家戦略の柱とする」とし、経済産業省はコンテンツの市場規模を11兆円から2010年には15兆円への拡大を目標に据えた。

HUMANMEDIA『日本と世界のメディア×コンテンツ市場データベース2018』によれば、現在、国内コンテンツ市場は12兆円。これらコンテンツを利用したキャラクター商品、アミューズメント施設、観光などの関連市場を合わせれば53兆円規模となる。GDPの10%を占め、建設投資額に迫る。コンテンツ産業だけで見ればさほどのボリュームではなくとも、関連産業や波及効果・外部効果が大きく、コンテンツ〝で〟稼ぐ複合モデルが期待されている。コンテンツ産業をブランド力やイメージを高める触媒として、家電や食品、観光など産業全体を成長させるのが政府の狙いだ。

期待に反しコンテンツ市場は縮小をたどった。少子化で国内市場が収縮する以上に、アナログ市場・パッケージ市場からデジタル市場・ネット市場への移行期にあって、大幅な制作・流通コストの低下が市場規模を抑えた。

ただ、『日本と世界のメディア×コンテンツ市場データベース２０１８』は、ここ数年は微増に転じていると分析する。２０２０年には２０１１年比で10・６％増の13兆円に達すると予測する。中でもオンラインメディアが２０１１年の市場の約14％を占める１・６兆円から、２０２０年に34％となる４・５兆円に拡大するとの予測。ネット市場の拡大が本格化し、反転しつつあるようだ。

それでも少子化が続く中、国内市場にはさほど期待できまい。海外市場が重要だ。２０１６年の世界市場の規模は米、中、日、英、独、仏の順。２０１６年の16カ国合計１０２兆円のうち、アメリカが45％、中国が14％、日本が11％を占める。中国が伸び、米中ツートップ市場となる。

日本のコンテンツの輸出比率は約５％で、アメリカの17％に比べずいぶん小さい。海外に出る潜在力はもっとあるはずだ。マンガは世界シェアの27％、ゲームは15％を占めるが、映画は１・１％、放送は０・４％、音楽は０・４％でしかなく、国内産業にとどまる。これを〝伸びしろ〟があるとみて、外へと促すのが戦略だ。

櫻井孝昌『日本が好きすぎる中国人女子』は厳しく訴える。「日本ブランドが中国で稼げないのは、戦って敗れたからではない。不戦敗である」。人気があり、売ることができる環境にあるのに、売ろうとしていない、という。「韓国企業が中国でできたことが、なぜ多くの日本企業ではできないのか。ひと言でいえば、本気度の違いといえる」。

それはファッションだけの問題ではない。アニメも音楽も同じ。家電や化粧品もそうだ。大きな国内市場があった。コストとリスクをかけて海外に進出するのは合理的ではなかった。ところが気がつけば国内市場は停滞し、成長する海外市場に目を向けざるを得ない。だが、国内市場が小さく、90年代後半の経済危機で本気度を高めた韓国がその市場を押さえにかかっている。

政府・クールジャパン政策も海外に注力する。官民ともに外に目を向けるようになった。日本コンテンツの海外市場は10年間で2倍以上拡大、2020年には2兆円超えとなりそうだ。2011年から16年までの5年間で、アニメは2669億→7676億円、2・9倍に伸びた。ゲームは2930億→1兆667億円、3・6倍。映画も69億→195億円、2・8倍と健闘している。放送は10年から15年までの5年間で66億→289億円、4・4倍となり、政府目標を超えた。成果は表れている。

インバウンドさん、いらっしゃい

「Tokyo Crazy Kawaii」。マンガ、アニメ、ゲーム、音楽、そしてファッション、食、雑貨。これら日本ポップを外国に持ち込み、ビジネスのプラットフォームを作るイベントだ。第1回をパリ・ヴァンセンヌの森で開催した。ぼくが委員長を務めた。

総合力を示そう。バーチャル系のコンテンツも、ファッション、食、雑貨というリアルなビジネスも一体となって提供しよう。パリ郊外「ジャパンエキスポ」はフランス人が運営する。日本企業は出展しても稼げない。日本が企画・運営を担い自ら外に出かけよう。

参加型にしよう。企業、アーティスト、オタク、ロリータ、そして一般の親子連れという消費者の方々に参加してもらう場を作る。ジャパンエキスポはオタク主導だが、こちらはフツーのフランス人に楽しんでもらう。

伏線があった。政府・ポップカルチャーに関する分科会だ。ぼくが議長となり、映画監督の河瀬《かわせ》直美さんや『金田一少年の事件簿』『神の雫』の原作者、樹林伸《きばやししん》さんらと海外作戦を練った。ぼくらの結論はシンプルだった。提言は以下のとおり。

「飛び出せ、日本ポップカルチャー。ポップカルチャーが世界に飛び出す〝発信力〟を強化する。このため、〝参加〟（短期）、〝融合〟（中期）、〝育成〟（長期）の三策を講ずる。〝みんなで〟〝つながって〟〝そだてる〟」

支えているのは消費者、ファンの愛情。みんなが参加して情報を発信する仕組みを構築しよう。政府主導ではなくて、みんな。クールジャパンはマンガやJ-POPだけではない。歴史、風土、精神文化、ものづくりの技術、それら全てが〝融合〟した総合力。それらをつなぐ。そして内外の人材を育成する。

この方針は政府の合意も得た。だが、提言で終わるのは無意味。アクションにつなげなければ。それは民間の役目。みんなで・つながって・そだてよう。それをプロジェクト化したのがTokyo Crazy Kawaiiだ。

パリの会場には稲田朋美クールジャパン戦略担当大臣（当時）にお越しいただいた。せっかくなのでゴスロリ・ファッションに身を包んで会場を練り歩いていただいた。写真をアップしたら炎上した。申し訳ない。だが政治家の仕事とはそういうものだ。政治の本気度は伝わったと思う。その後このイベントは台北やバンコクなどでも開催されている。海外に出ていく＝アウトバウンドの機運は官民ともに高まった。

ただ、そろそろ外に売り込む時期は終わる。内に来ていただく時期だ。種をまいたアウトバウンドから、インバウンドへ、ステージが切り替わる。外から受ける愛情を確かめてみよう。

ウェス・アンダーソン監督『犬ケ島』。少年と犬の友情と冒険を描く、近未来の日本を舞台にしたストップモーション・アニメ。２０１８年、ベルリン国際映画祭で銀熊賞（監督賞）を受賞。『千と千尋の神隠し』に金熊賞を与えたベルリンらしい。

近ごろ、クールジャパン政策に対する風当たりが強い。「自分のことクールって言うな」批判だ。もともとクールジャパンは外来の「おまえらクール」観。自分で言い募るものではない。日本への愛があふれるこうした作品に触れると、自分が見せたいモノより、海外が見たいモノ、プロダクト・アウトじゃなくてマーケット・インの大切さを思い知る。

なつかしいけどエキゾチックな日本が『犬ヶ島』にある。富士のような山と桜。和太鼓、浮世絵、石庭、大相撲、寿司職人。これら純和風に交じる昭和レトロ。古臭いテレビ、赤い電話、昭和30年代風ファッション、ラーメン屋・商店街。さらに現代TOKYOっぽいビルや工場。『七人の侍』オマージュの映画だ。三船敏郎っぽい市長は悪役だが、その悪に弱者が立ち向かう。構図はどこを切っても小津安二郎・溝口健二っぽい完璧な様式美でありながら、ストーリーやモチーフは黒澤明。

その点が、ドン・ホール／クリス・ウィリアムズ監督『ベイマックス』とシンクロする。少年ヒロと5人の仲間たちによる友情と勇気の物語だ。日本の戦隊ヒーローものへのフル・オマージュをTOKYOのような町で繰り広げたディズニー作品。これも源流は『七人の侍』に見て取れる。

原作『BIG HERO 6』は日本のスーパーヒーローチームを描いたもので、日本ポップへの愛が満載。舞台はサンフランソウキョウ。新橋や新宿の風情。かに道楽やづぼらやの看板は愛嬌だ。5人のレンジャーと兄の形見のロボット「ベイマックス」のチーム。ゲキ・ゴウシ・ダン・ボーイ・メイに、ゲキの兄ブライが加わった『恐竜戦隊ジュウレンジャー』を想起させる。ベイマックスが自分の命を投げ出してヒロを救うシーン。『ジャイアントロボ』がU7草間大作少年の命令を振り切り、ギロチン帝王とともに散って地球を守るシーンを想起させる。また、『五星戦隊ダイレンジャー』で、神風大将がテンマレンジャーの身代わりになって散るシーンも想起させる。

無論これらは日本ラブ系譜の線上にある。1982年リドリー・スコット『ブレードランナー』、2003年タランティーノ『キル・ビル』、2018年スティーブン・スピルバーグ、"俺はガンダムで行く!"で一躍話題になった『レディ・プレイヤー1』(AKIRA・ゴジラ・ガンダム)などハリウッド実写でも日本スキは連綿と続いている。犬ケ島やベイマックスは、レトロからポップまで、愛の蓄積を確かめさせてくれる。

♫『世界はそれを愛と呼ぶんだぜ』(サンボマスター)

この愛を国内に還元することができるか。政府は訪日外国人2000万人を2020年に

４０００万人に倍増させる方針だ。現在、旅行消費額は４・５兆円。それを８兆円に拡大するという鼻息。中国人による爆買いは落ち着いたものの、リピーターが増え団体客から個人客に移っている。日本でしか買えないものを追求し、体験型旅行を欲しているという。コト消費だ。サンライズの宮河恭夫・元社長によれば、ガンプラはアウトバウンドで海外に売れば売るほど、国内でも外国人が買うという構図だという。アウトバウンドとインバウンドは地続き一体だ。

きょうび大阪・黒門市場、歩いてみなはれ。中国韓国インドネシアマレーシア、いやどこの言葉かわからへん。インバウンドさんでぎゅうぎゅうのぱんぱんでっせ。ウニ、タラバ、ホタテ、とちおとめ、ホルモン。片っ端から買い漁って食べ歩いたはります。せやねん。道頓堀も千日前も、昔ながらのたこ焼き屋台も、ふとしたラーメン屋も長蛇の列でっせ。

京都もおんなじどす。清水さんに向かう産寧坂も祇園の一力さんの脇かて、初めて着ましたぁいうハデな和服の外人はんばっかりで。のしのし大股で歩いたはりますわ。大型バスでガー降りてきはって、抹茶アイス持ってトイレないートイレないー言うたはりますわ。ありがたいことですわ。

名古屋で開催された「世界コスプレサミット2018」では、38の国と地域のチャンピオンたちが集結し、コスプレの頂点を極めるバトルを展開した。ぼくが企画に参加した2005年「愛・地球博」でのサミットでは、日米中独仏伊西で行われた予選にそれぞれの国で何万人という応募があった。その優勝賞品は〝日本旅行〟。コスプレの聖地ニッポンへ来ることができたとあって、各国の優勝者は熱狂的な興奮状態だった。そのころ、既に彼ら彼女たちにとって日本は聖地だった。

アニメの舞台が聖地となりファンが群がるのは、『セーラームーン』の麻布十番あたりから見られた。埼玉県久喜市、『らき☆すた』の鷲宮神社は2011年の初詣に47万人が来たという。中学生だったぼくが最初にギターを買ったのが京都の三条通にある十字屋という店で、そこが「少年ナイフ」の初期レコードも出してくれた。『けいおん！』の主人公は最初にギターを10GIAで買った。直後、JEUGIAに大勢が群がった。

茨城県大洗町。東日本大震災で津波の被害を受けた。そこを舞台とする『ガールズ&パンツァー』は翌年から放映された。放送開始直後からファンが大洗町への巡礼に次々と訪れ、町の復興や活性化につながった。野村総研は2013年のガルパンによる観光客は16万人に上ると試算している。外国人も多くなったという。

アニメツーリズム協会はアニメ聖地88カ所を公表している。長野県上田市『サマーウォーズ』の城下町の町並み。岐阜県飛騨市『君の名は。』の図書館やタクシー。京都市『夜は短し歩けよ乙女』の木屋町筋に京大学園祭。鳥取県境港市「水木しげるロード」で待ち受けるねずみ男や子泣きじじい。

インバウンドさん、いらっしゃい。

こわして、つくろう

法事で京都・広沢池にある寺を訪れた。お坊さんの話はありがたい。「平成最後の年末。清水寺で書く今年の字、〝災〟どしたなぁ。そら地震やら台風やら多かったしねぇ。ほんでも嵯峨天皇のころ、１２００年前に流行った疫病に比べたら、大したことおませんどした」。都が東に行って１５０年。江戸幕府いうても４００年。あたりまえに千年が語られるのが京都の凄み。

ぼくは京都国際映画祭の実行委員長を務める。「映画もアートもその他もぜんぶ」を標榜する、〝ぜんぶ〟の祭典だ。これは京都という奇跡の町だからできる。歴史・伝統とパンクが同居する京都。東映や松竹。立誠小学校で日本で初めて映画が上映された。京都国際マンガミュージアムと京アニと任天堂。マンガ・アニメ・ゲームの拠点でもある。オムロン、京セラ、島津製作所、村田製作所。ハイテク企業が集積する。ノーベル賞受賞者を出す大学があり、学生の人口密度が最も高い若い町。京料理の本場なのに餃子の王将と天下一品が生まれた。ぜんぶある。歩いて行ける距離にね。

２０２１年度、京都に文化庁が移転する。その記念イベントの司会を務め、落合陽一さん、小山薫堂《くんどう》さん、竹宮恵子さんの話を聞いた。落合さんが「日本は長期にわたるブランドの維持・育成が苦手」と指摘する。伊勢神宮は１２００年間、20年おきに造っては壊し、壊しては造り、を繰り返してきたからねぇ。ずっと維持して高めるのが苦手なのかな。

それで思い出した。母の同級生という西陣の呉服屋に和服を誂えてもらった時のこと。そのおっさんが着物の反物を用意しながら、いろんなおっさんを電話で呼ぶ。ハカマ屋、帯屋、下駄屋、足袋屋、羽織のヒモ屋が集った。小商いのおっさん連中が一人の客（ぼく）を分け合って食う。

ＭＩＴやハーバードやスタンフォードのビジネススクールに潜り込んで得た知識。スピードの経済。Ｍ＆Ａで時間を買う。ウィナー・テイクス・オール。企業寿命30年の法則。そんなのに合わせるものは西陣にない。

「私らずっとこうやってきましたさかい」

――いつごろからです？

「ウチ400年になるわ」

「若いなぁウチ500年以上や」

「そら先の戦の前からやもんな」

京都で先の戦と言えば応仁の乱のことだ。アメリカの商売よりもっと強いものがここにあることに、ぼくたちが気づいていない。


それでも京都は維持してきた。ブランドは輝きを放つ。一方、伊勢の〝こわしてつくる〟強さは東京が受け継ぐ。
3．11の直後、銀座のお年寄りと話した。被災地は復興できるのだろうかと沈むぼくに、彼はにべもなく大丈夫だいじょうぶとつぶやいた。「オレんちは20年で2回焼けたんだ。関東大震災と空襲でな。でも、すぐ建て直したよ。すぐ立て直すんだよ日本は。ずっとそうなんだぜ」
東京も奇跡の町である。

リチャード・フロリダ『クリエイティブ都市論』。人生で意味を持つものは〝何を〟〝誰と〟行うかに加え〝どこで〟＝居住地が重要だという。世界はフラット化しているのではなく、集積化している。クリエイティビティ、イノベーションの生産要素は特定の地域に偏り、集中している。先進国では人口の３／４が都市部に住んでいる。

その上で、経済生産の首位は広域東京圏（２・５兆ドル）だと言う。２位はボストン／ニューヨーク／ワシントンＤＣ圏（２・２兆ドル）。東京圏の大きさは強みだ。イノベーションを特許数に基づいて測ると、最も突出するのが東京、ニューヨーク、サンフランシスコ。東京集中でアメリカに張り合っている。

大阪／京都／名古屋（１・４兆ドル）は５位。東京・大阪の２地域の規模はドイツ１国に匹敵する。日本には広域札幌、広域東京、大阪・名古屋、九州北部の４メガ地域がある。世界初の統合されたスーパー・メガ地域＝巨大な単一経済圏へ歩み始めている。本書は小規模地方都市の活性化より、４大都市圏の強化と、それらの連結を示唆する。

その東京論には、速水健朗『東京β』、『東京どこに住む？』が豊かな視座を与える。

２０００年代前半、国土の均衡ある発展という国策を放棄した。東京は１９８０年の１１６２万人から２０１６年３月の１３５４万人に、36年で２００万人増を見せた。今の人口集中は、東京圏というより東京の中心部への集中だ。

ＩＴが人と人の間の直接的コンタクトの需要を生む。スマホの普及で近い距離の価値が高まった。狭くて混んでいて自宅に近い店が人気。個人の店舗が太刀打ちできる時代になった。〝遠さ〟を克服する通信が〝近さ〟を際立たせようとしている。

今、東京は東側が発展している。世田谷・目黒あたりからのシフトが激しい。１９５３年小津安二郎『東京物語』には江東区の煙突が現れる。１９６２年川島雄三『しとやかな獣』は晴海団地の４人家族の戦争、貧困という不安を描いた。１９８３年森田芳光『家族ゲーム』は東雲の都営アパートで進学、いじめという不安を描いた。その界隈が今熱い。

やはり東京は東京タワー。よく壊される。最初に破壊した怪獣は１９６１年『モスラ』で、次いで１９６４年『三大怪獣　地球最大の決戦』のキングギドラ。１９６５年『大怪獣ガメラ』。ウルトラＱでは１９６６年『ガラモンの逆襲』で、セミ人間に電波で操縦されたガラモンが破壊する。電波塔を電波が襲う。でもすぐに元通り。こわして、つくろう。

速水さんの本に記述はないが、ウルトラQ『2020年の挑戦』で人間の肉体を奪いに来たケムール人は、神田博士の発明したXチャンネル光波を東京タワーから発射されて倒れ、消滅する。電波塔が電波で人類を救う。『東京氷河期』ではペギラが東京タワーを凍結したが、ゼロ戦の名パイロットからアル中に身を落とした沢村照男がセスナで特攻して東京を救う。ゼロ戦からのアル中は『しとやかな獣』の父（伊藤雄之助！）にだぶる、戦後20年の点描だ。

♫『マイ・ジェネレイション』（ザ・フー）

東京のスゴさを伝えたい。ランダムに挙げてみよう。ミシュラン星付きレストラン、2019年版ではパリ118軒に比べ東京は230軒。倍の開き。サイゼリヤならペペロンチーノとワインで500円しない。食堂の前に3Dリアル食べ物模型や写真が豊富でビジュアル完璧。公衆トイレに洗浄器付き便座がついている。たまに電車が遅れると謝ってくれる。タクシーにケータイを忘れてもドライバーが届けてくれる。家電量販店で商品のことを尋ねると、たちどころにA社とB社のスペックを解説してくれる。

あまりクラクションの音がしない。自販機やエレベータが話しかけてくる。コスプレアイテムである制服を女子高生がいつも着ている。ナチスの軍服を着ていても殴られない。電車の中で口をあけて寝ている人がたくさんいる。酔っ払って路上で寝ていても身ぐるみはがされない。

いや、東京でも京都でもいい。都市間格差の時代。職業選び以上に、住む都市が人生の格差を生む時代。自分の置かれた状況を改善する手段として、住んでいる場所を変えることができるかどうかが問われる。所属企業・組織よりも、居住都市・地区。縛られずに自己決定するかどうかだ。『クリエイティブ都市論』は、人生の可能性は移動する能力の有無が左右すると説く。

一生の間で引越しをする生涯移動回数は日本人は4~5回だという。ぼくは仕事場を含めると、58年の人生で27回引越しをしている。動きすぎか。いや、フロリダさんや速水さんの著書を読むと、もっと動いて攻めてもいいかと思う。

ノマド。加藤秀俊『メディアの発生』によれば、琵琶法師、踊り念仏衆、巫女や瞽女《ごぜ》、カミ・ホトケとヒトをむすび、ヒトとヒトをむすぶメディアはみな住所不定の非定住者。動き続けることがカミ・ホトケに近づく方法。ノマドのヒトがビットであり、メディアとなる。

文字をつづるのは高度な識字層の特権で、紙・筆などハードウェア量も限られていたので、文字文芸は京都に限定されていたが、旅人による音声の文芸は各地で共有・伝搬された。ゼロの焦点、寅さん、水戸黄門。いずれも「諸国漫遊の漂泊性」が身上であり、演歌も旅愁に支えられている。越境する生命力。そうだな。あちこち越境しよう。

世界一クリエイティブな国は日本

ポップとテックは夫婦である。互いを高め合う。

アナログはカラオケを生み、デジタルはゲームを生んだ。デジタルでアニメはＣＧとなり、ｅスポーツというジャンルも発生した。スマホはＬＩＮＥを生み、「モンスト」と「ポケモンＧＯ」を世に出した。ボカロ職人が生まれ、YouTuberが憧れとなり、VTuberが現れ、TikTokで表現する。

ガラパゴスに進化したケータイはギャル文字を生んだ。自分たちでしか解読できない文字でコミュニケーションをとった。千年前の平安女性は漢字をかな文字に変え、世界先端の女流文学を紡いだが、千年後の平成女性はデジタル文字を作ってケータイ小説を紡いだ。

彼女たちは西洋文明を乗っ取り、特殊なコードも生んでいた。ＪＫは女子高生。ＰＫＯはパンツ食い込んでおります。ＳＳＫはそんなにスキなら告れ。世界に冠たる天才たちだ。

２０００年当時、ＭＩＴの教授陣が渋谷や池袋に出張しては、その先端デジタル文化をボストンで報告していた。

文字や言葉以外の、イメージや音での表現が豊かなのも日本の特徴。ドキドキして、ワクワクして、キラキラして、ニコニコする。オノマトペが英語の３倍あるという。マンガの外国語版ではドカーンやギャギャギャギャギャがそのまま進出、新文化を築いている。

絵文字で豊かに感情表現ができるのもデジタル時代に活きる。ルイ・ヴィトンはジャポニズムの紋様をモノグラム柄にし、市松模様をダミエ柄にした。ＬＩＮＥスタンプが海外に出かけるのも自然なことだ。

ポップも次の段階に移る。テックの新派が押し寄せるからだ。８Ｋや５Ｇ、ＡＲは文化を変える。よりリアルに。より高速に。より仮想現実に。

超高精細画面は、スポーツや音楽ライブ、演劇などを体験コンテンツに変える。超大画面でのライブビューイングが本格ビジネスとなる。NTT Kirari! のような技術で立体ライブ映像もリアリティのある体験を実現する。

スマホ向け4K・8Kも。画面を思い切り拡大して自分の追いかけたい選手をずっと高精細で見るような楽しみ方ができる。VRの画面もリアル空間に近づき、2ランク上の臨場感・没入感となる。ARコンテンツも充実していく。

Googleは5Gでクラウド型ゲームを投入する。端末の種類を問わず、アプリもソフトも要らないゲームの世界が展望できる。ロボットが5Gでコントロールされ、ダンスをする。AIを搭載してお笑いを演じる。2030年ごろには超ヒマ時間を埋める新しいエンタメを生んでいるだろう。

ビッグデータは映像ビジネスを進化させる。ネットフリックスのヘイスティングスCEOによれば、ネットフリックスはユーザーの嗜好を2000にまで細分化して整理し、世界中から集めた大量のコンテンツから個々のユーザーに適した動画を「推薦」として表示している。ターゲティング広告の国内市場規模が1兆円を超えたという。ネット広告の8割がユーザーの閲覧履歴などを分析したものになった。ビッグデータがCMを制する。

ブロックチェーンはコンテンツの流通を変革する。政府はコンテンツの利活用を促進するため、ブロックチェーンを活用した著作物の管理・利益配分の仕組みを構築するという。

そして何より影響が大きいのがＡＩだ。

ぼくのネットＡＩエージェントがぼくの好きなエンタメを選んでくれる。世界で刻々と生み出される映像、音楽、過去の名作、無数のコンテンツから、ぼくが好きに違いないものを厳選し、上位から順に届ける。ＡＩで多言語翻訳して。それだけで一生がつぶれてしまう。実に忙しい超ヒマ社会だ。

クリストファー・スタイナー『アルゴリズムが世界を支配する』によれば、デイヴィッド・コープが開発したアルゴリズム「エミー」の作り出した楽曲がクラシック音楽の教授の作品を凌駕し、バッハの曲並みに評価された。ジェイソン・ブラウンはビートルズ『ア・ハード・デイズ・ナイト』のオープニングコードを2万9375個の周波数でアルゴリズム解析した。

ＮＨＫ『クローズアップ現代＋』は、３００を超えるレンブラントの作品をスキャンし、ＡＩが作ったレンブラントの贋作を紹介した。公立はこだて未来大学の松原仁教授らが進める「きまぐれ人工知能プロジェクト 作家ですのよ」が書いた小説が星新一賞の一次選考を通過したことも報じた。もはやドラマや映画もＡＩが生みつつある。ＡＩはマンザイの原作も作るだろう。国名を分けっこして遊ぶ（ジャルジャル）、自転車のチリンチリンを盗まれてインドに行く（チュートリアル）ような発想の根っこが見えないパンクな作品は難しくても、80年代の掛け合いぐらいなら作れそうだ。

楽しい。

問題も生む。ＡＩが作るコンテンツの権利をどう考えるか。人とＡＩの仕事の見分けがつかない創作物が爆発的に増える。ＡＩを使える者による情報独占や個人クリエイターの締め出しといった懸念もある。政府は世界に先駆け、この問題に取り組んだ。ぼくが座長を務める知財本部の会議がその舞台となった。

マンガ家・赤松健委員は、萌え萌えをＡＩがどんどん作って輸出すべきと提唱した。「キャラ立ちした創作キャラは民衆に守られるため、作者より強い」。登録したＡＩが作った創作物は収益を無税にするというパンクな提案だ。ＡＩに人格ならぬＡＩ格を認めるプランでもある。

こうした尊敬すべき提案の数々に座長は悩んだ。データの利用促進策、ＡＩ学習用データの作成促進策、ＡＩ学習済みモデルの保護策、ＡＩ生成物の知財制度について整理を試みた。が、まだ途上。検討は世界に先駆けて始めたが、対応の速度は速くない。

さて、ポップをテックでどう発展させるか。問題は、我々が日本の持つ力を認識できていないことだろう。

「世界一クリエイティブな国は日本、クリエイティブな都市は東京」。２０１６年10月にアドビが米英独仏日の各１０００人、計５０００人の成人に聞いた国際アンケート調査結果だ。34％が日本を最も創造的な国と評価し、２位のアメリカ28％に大差をつけた。うなずける。ポップカルチャー、ファッション、食べ物、ケータイ文化、どれも日本は抜きんでている。アメリカは金融、ＩＴ、ハリウッドなど多くの分野で世界を引き離し、ビジネスの創造力を見せつけているが、表現文化を一部のクリエイターだけでなく国民全体で創出する点では日本が勝る。

最も創造的な都市では、東京が他の都市を抑えて1位の26％。ニューヨークが23％、パリが14％。これもうれしい。東京は銀座、渋谷、秋葉原、いくつもの極が異彩を放つ。どの国の料理も本格的なものが味わえ、どこに出かけても最高規格の便所が用意されている。

しかし、問題は、日本の自己評価が低いことだ。他国が日本を評価しているのに比べ、日本のみが自分を創造的だと思っていない。「自らが創造的」と考えている比率もダントツの最下位。アメリカ人は55％が自分を創造的と思っているのに、日本人は13％。自分の持ち物を正当に評価していない。

さらにマズいのは、「創造性は社会に価値がある」と答えたのも最下位。日本だけが過半数割れ。「創造性は経済に価値がある」と答えたのも最下位。日本だけが過半数割れ。マジ卍。みんなは何で食っていくつもりなのだろう。資源も、低廉な労働力もないというのに。資源はアラブやロシア、中国で、労働力は中国やインドで、じゃあ我々はどうするんだろう。知恵しかないのに。

さらにアドビは2017年6月、若年層（12－18歳）に関する衝撃的な調査を発表した。

「自分は創造的か」米47％、独44％、英37％、日8％。

日本の若者だけが自分を創造的だと思っていない。

「将来、何かを〝作る〟仕事をしている」米83％、英75％、独70％、日43％。

日本の若者だけが創造する仕事に就こうと思っていない。

「創造性が求められる仕事や職業はたくさんある」米77％、英75％、独73％、日31％。

日本の若者だけが創造力に期待をしていない。

「将来に向けて準備ができている」米73％、独61％、英49％、日16％。

日本の若者だけが将来を向いていない。

「将来の職業におけるネット上の行動の重要性」米81％、英80％、独73％、日39％。

日本の若者だけがネットの力を重視していない。

「アクティブラーニングや実習・演習が効果的」米78％、英65％、独43％、日35％。

日本の若者は旧来の暗記型教育でよいと考えている。

総じて言えば、自分は創造的ではなく、創造する意思も可能性も見出していない。ネットの力も重視しておらず、旧来の暗記型教育でよいと考える。いか～ん！！！


ポップな文化やネットの技術でクリエイティビティを育んできた。ポジティブな自画像を描いている。そう期待する層がこれでは。19世紀までの農業社会＝土地。20世紀の工業社会＝資源。どちらも〝持たざる国〟の日本は、それを戦争に求め、敗れた。21世紀の情報社会＝創造力。その〝持てる国〟になるにはどうする。持つ〝意思〟と〝教育〟ではないか。ＡＩ時代が来る。超ヒマ社会が到来する。どうすれば若年層に〝創造〟の意思と可能性を持たせられるだろうか。

♫『Too Much Too Young』（ザ・スペシャルズ）

文化省をつくろう

ここで試験問題を出します。

え、聞いてない？　いやだってコレぼくの授業だから。ボーっと生きてるとチコちゃんが叱るぞ。

問題：超ヒマ社会のポップ政策を考えよ。

ヒントだけ出しておこう。

ポップカルチャー政策はなぜ必要か？

まずは経済政策として。単なるアニメやゲームのビジネス支援は要らない。ただ、それによる日本への好感度や憧れといった波及効果、経済学でいう外部効果はビジネス上はカウントされない。なので政策的に高める。コンテンツ産業自体の売り上げを伸ばすというより、コンテンツを触媒として、家電や食品、観光などを含む産業全体が伸びることが政策の狙いとなる。
もう一つは、文化外交として。ソフトパワー、つまり文化の魅力で他国を引きつける国際関係論だ。近隣諸国と仲が悪くなったとして、ナルトやワンピースが戦争を抑止するほどの力を持っていないとしても、ケンカを止める対話のキッカケぐらいにはなるかも。

総合力を活かそう。他業種と連携した複合クールジャパン策だ。エンタテインメントに家電、ファッション、食といった日本の強みを組み合わせ、総がかりで海外進出を図ること。コンテンツという文化力と、ものづくりという技術力を掛け合わせる。

♫『アウトサイド・ワールド』（XTC）

戦後アメリカの映画やテレビ番組を観て、コーラを飲み、ジーパンを穿き、アメ車に憧れた。その手法だ。アニメのおもちゃ商品やコスプレ衣装など、コンテンツがらみの多面展開は、商品ごとや企業ごとの連携はみられたものの、産業を横断する取組みは乏しかった。

ヒントはある。韓国メーカーは政府の後押しもあり、K-POPや韓流ドラマの映像を組み込んで販売することで、アジア市場での家電製品のシェアを伸ばした。韓国旅行を題材にした映画をヒットさせてアジアからの観光客を引き寄せた。

こうしたジャンル融合による輸出戦略を推し進めたい。経産省の政策はこの方向に沿っている。タイでは自動車とコンテンツの相乗プロモーションを支援する。インドではテレビのチャンネルを押さえた上で子ども向けコンテンツを流し物販につなげる。知財本部「官民連携プラットフォーム」も同様の政策だ。こうした異業種のコーディネイト役を政府に期待する。

他にもやってほしいことはある。コミケ、ニコニコ超会議、初音ミクの保護。中韓の日本コンテンツ輸入規制撤廃。人気ウェブサイトの多言語翻訳無料化。音楽・図画工作の授業倍増。著作権バーチャル特区の設定。デジタル著作権法の策定。ネット選挙の推進。全省庁・自治体のオープンデータの推進。ソーシャルメディアによる政策参加。みんなもあるだろう?

インフラ整備（デジタル環境）や人材育成（教育）にはカネをかけていい。道路予算数兆円の1割を文化と教育に回せば、たちどころに変わる。地方高速道の車線を増やすより、知財の生産力を高める政策に重点投資した方がいい。ポップ×テック戦略が必要だ。

まずは超テックでエンタメを拡充するインフラの整備。5Gへの移行を急いで、超大画面と手のひらのポップ表現を豊かにする。4K・8K超高精細のパブリックビューイング、ライブビューイング場を敷き詰めていく。スマホの動画サービス、メディア融合サービスを広げる。全世界の番組がどの端末でも見られるようにする。VR・ARのリアルCGコンテンツの開発を促す。ロボットやドローンを操作するエンタメ技術を開発する。

今、理研ではマンザイのDVDをAIに大量に学習させている。2030年には、マンザイのM-1グランプリでAIが優勝はできないまでも決勝あたりまで行けるのではないか。カラオケ上位にはボカロ曲が並ぶようになった。2030年には、ヒットチャート上位をAIが占めるのではないか。ロボカップがロボットによるサッカーチームを開発している。2030年には、ロボットが人とサッカーできるようになっているのではないか。

これを支える人材の育成が政策課題だ。コンテンツを作る人材を厚くする。コンテンツという言葉が登場したのは1993年で、映画や映像を教える大学が日本にはないということが当時の政策イシューだった。その後デジタルハリウッド大学やぼくが所属する慶應義塾大学大学院メディアデザイン研究科（ＫＭＤ）のようにかなり増えた。今の課題は、より若い世代の創造力・表現力を上げる底上げ策、制作よりビジネスできる人材の開発。

「全ての子どもがアニメを作れて作曲できるようにする」。10年前にぼくが政府に提案した政策目標だ。採用はされなかった。が、小学校でプログラミングが必修化されることになった。学校でコンピュータを使うことが必須になる。全ての子どもがアニメやゲームを作ったり作曲したりするようになる。これはよし。図工・音楽の授業が充実していることがクールジャパンの根幹だ。しかし最近は削減される傾向にある。これはだめ。逆だ。図工・音楽の時間を倍増させよう。

ビジネス人材を拡充したい。作る人はいても売れる人がいない。世界に。プロデューサーや営業マン。日本人じゃなくていい。海外から人材を集めてこなければ。そのための拠点やビザの仕組みも必要。コンテンツ産業の集積特区を用意して世界の磁場にしたい。

日本を世界の本場とする最大の条件は、〝自由〟の維持だ。宗教的なタブーがなく、暴力やエロを含め表現の縛りが緩い。何を着ても、何を食べてもいい。べろんべろんに酔っ払ってても叱られない。だけど安全で、荒れてなくて、イヤな臭いがせず清潔。この環境をどう維持できるか。

目をつむることだ。世間はすぐ「いかがなものか」を発するが、いかがなものかを自粛する。権力はすぐ介入したがるが、踏みとどまって距離を置く。この大人の対応。目をつむれる大人になろう。目をつむるポップ政策を。


テクノロジーが進化すると問題も発生する。典型が海賊版である。2018年はマンガ・アニメの海賊版サイト対策を巡り、議論が沸騰した。「漫画村」などによる被害が深刻化し、「ブロッキング」について4月に政府が緊急避難の解釈を示したことが賛否の騒ぎとなった。通信を遮断するブロッキングは憲法の「通信の秘密」を侵す。それをどうみるという議論だ。

騒ぎの効果もあってか海賊版はいったん収まりを見せ、政府は検討会議を設置、9回に及ぶ集中討議を行った。ぼくが慶應義塾大学・村井純教授と共同座長を務めた。出版・権利者、通信・ISPという当事者に加え、法学者や弁護士、官邸、総務省、文科省など関係省庁が激しい意見交換と調整を行った。しかしブロッキングを巡り調整はつかず、両論併記でも報告がまとめられないという前代未聞の決着となった。

法整備や普及啓発などブロッキング以外の対策は官民連携して進む動きとなり、事態は前進している。だが本件は、ＩＴと知財、ポップとテックという領域に大きな問いを残した。本件は、「通信の秘密」と「財産権」（著作権）という憲法が保障する価値の対立であり、ＩＴ政策と知財政策の対立だった。それを調整するメカニズムがないということだ。

知財とＩＴという、日本が情報社会に向けて寄って立つ２つの領域がバッティングした。マンガ・アニメ大国である日本が、ＩＴの落とし子である海賊版サイトにどのような解決モデルを構築するのかが問われた。

憲法とテクノロジー。この大きなテーマを扱うには、政府の体制に無理がある。知財問題は内閣府・知財本部＋文科省、ＩＴ問題は内閣官房・ＩＴ本部＋総務省が主軸。いずれにも経産省がからむ。この問題は、ぼくが霞が関を去ることになった20年前の省庁再編からずっと提起していることだ。

ぼくは「文化省」の設立を唱えている。総務省の通信・放送行政、経産省の機器・ソフト行政、文化庁の著作権・文化遺産行政、そして内閣官房・ＩＴ本部と内閣府・知財本部を束ねる官庁を作る。その上で、国土交通省のフィルムコミッション政策、外務省のソフトパワー政策など各省庁の情報関連政策との連携を強化する。

この組織を貫く軸は〝文化〟だ。21世紀の日本は知財や産業文化力で生きる。国民の創造力や表現力を高め、文化産業を育み、その基盤となる技術を整備することを担う。経団連が2018年5月に「情報経済社会省（デジタル省）」という構想を発表した。内容はぼくのプランと似ている。でも名前はぼくの方がいい。文化省をつくろう。

いや、これからの社会を担う役所だから、「超ヒマ省」でもいいや。

ヒントになったかな?

3 超スポーツ戦略

情報社会のスポーツをつくる

ぼくも超人になりたい

超ヒマ社会は、とてつもないスポーツ社会である。超ヒマになったら、めくるめくエンタメと、学問と、恋愛と、スポーツの時代となる。自分で体を動かして、汗をかくから楽しい。ロボット同士が戦っているのを見てもあまり興奮しない。汗をかけ。汗をかけ。手に汗を握れ。手に汗を握れ。

そうだ、スポーツ、作ろう。

2018年、ピョンチャン冬季パラリンピックを訪れた。軽量化と剛性を追求したチェアスキーを装着し、アルペンの山頂から滑降する。スレッジと呼ばれる高性能ソリに乗ったアイスホッケー集団がぶつかり合う。最新バイオメカニクスの激突だ。競技用具は格段の進化を遂げている。超人の頂上決戦はテクノロジーの闘いでもある。

義足の走り幅跳び選手、ドイツのマルクス・レーム選手は２０１８年、８メートル40センチの記録を打ち出した。２０１６年、リオ五輪の金メダルは８メートル38センチ。パラリンピアンがオリンピアンを超える時が来た。身体と技術が融合し、ぼくらは新たな身体を獲得する。

パラリンピックで障害者が用いる補助具は、障害を健常に近づける、マイナスをゼロに近づける道具。しかしもはやマイナスはプラスとなる。レームさんの義足はカッコいい！　もはや義足はかわいそうな存在ではなく、まぶしく仰ぎ見る強者の証だ。

「もはやオリとパラの壁はない。オリもパラも合体して一つの大会にすればいい」

「いや待てそれは不公正だ。たとえ肉体が機械に劣ろうと、肉体のみで競う値打ちは大きい。分けるべきだ」

「メガネは視力を補正する。目が悪い人の補助具だ。だがオリンピックでは認められる。だったら肢体の補正だっていいじゃないか」

「いや待て視聴覚と肢体は違う。メガネはダテのファッションアイテムとなるほどの市民権を得たが、義手義足はそういう存在ではなかろう」

やさしい議論ではない。パラがオリを超えたら超えたで、それまで大目に見ていた柔らかい壁はより強固に塗り固められてしまうかもしれない。

レームさんはリオ大会のオリンピックに出場することを希望していたが、ＯＫとはならず、結局パラリンピックのみに出場することになった。政治的な事情でレームさんが出場希望を取り下げた形だが、規制の壁に阻まれたということだ。

彼は「オリンピックとパラリンピックが完全に分かれている現在の状況を少しずつ変えることができれば、新たな可能性や希望が見えてくるのではないか」と発言している。同意する。

しかしこの状況は、パラリンピアードの方が特権階級になったということでもある。オリ＝裸の超人と、パラ＝機械の超人とを眺めれば、ぼくらは前者には参加できるけど、後者には参加できない。

オリの種目には参加の門戸は開かれているものの、超人にはなれないので出場をあきらめる。が、パラの種目には参加もできず、そして今や一番の超人がそこにいる。不公平だ。車いすバスケのように、ぼくらも参加が許されるような種目は現れてきた。けれど、レームさんのように義足になるには足を切断するしかない。切ってもいいが、釈然としない。

それは古代からのスポーツを前提に考えているからだ。21世紀のスポーツ、情報社会のスポーツを作ろうぜ。健常者も障害者も、老若男女、オリンピアンもパラリンピアンも、津々浦々、同一ルールで参加できるスポーツをデザインしたい。

ぼくも超人になりたい。技術を使えばなれるのではないか。ＩＴやＶＲやロボティクスやあれやこれやを取り込めば、子どもでも吉田沙保里選手に勝てるのではないか。おばあちゃんだってウサイン・ボルト選手より速く走れるのではないか。

♫『ファースト・アズ・ユー・キャン』（フィオナ・アップル）

建築、農業、介護などの現場では腕や足腰の筋力を補強する「パワードスーツ」が実用段階にある。力の弱い人でも重い物を軽々と移動させることができる。一般の人たちも技術を使って身体能力を拡張することが身近になりつつある。

それを実現するのが「超人スポーツ」だ。誰もが超人になれるスポーツ。年齢や性別、身体的な制約を超えて楽しむことができる「人機一体」のスポーツ。現在の五輪競技の多くは19世紀までに開発された農業社会のスポーツ。20世紀の工業社会にはモータースポーツが発達した。

では情報社会のスポーツとは何か。

前回の東京五輪、開会式からきっかり半世紀後の２０１４年10月10日、ＶＲ、ゲーム、脳科学などの研究者やクリエイターが集ってコミュニティが発足した。その延長で「超人スポーツ協会」が設立され、ハッカソンなどを通じて種目の開発と競技会の開催が進められている。東京大学・稲見昌彦教授とぼくが共同代表を務める。

例えばmeleap社の「ＨＡＤＯ」。ＨＭＤとアームセンサーを装着し、ＡＲ技術とモーションセンシング技術で「かめはめ波」を繰り出す競技。フィールドを動き回り、手足を動かしながら、バーチャルな世界で闘う。２０１９年2月時点で、ハウステンボスなど既に23カ国59カ所で展開されている。

他にも、時速１００キロメートルで飛ぶドローンをゴーグルからの一人称視点で操縦するレースや、同じくカメラの映像を見ながらドローンを操作し、ターゲットのドローンを捕まえる競技もある。ジャンピングシューズや風船などローテクものも。これまで約40の競技が生み出されている。

これが日本から発生したのは必然だ。テクノロジーやものづくりと、ポップカルチャーの双方が集結するテック&ポップの国だからだ。みんなが自分の超人観をマンガ・アニメ・ゲームで持ち合わせている。巨人の星キャプ翼ドラえもんキン肉マンドラゴンボールナルト００９セーラームーン。重層的に大量のキャラが生み出される。それを具現化する欲求の磁場なのだ。

横浜ＤｅＮＡベイスターズと連携した「超☆野球開発プロジェクト」では、時速２００キロメートルの豪速球を投げるギプスや、消える魔球が投げられるボールが提案された。岩手県との「岩手発・超人スポーツプロジェクト」では、三ツ石神社の説話をモチーフにしたマンガを転化し、岩のような大きな腕どうしをぶつけるスポーツが生まれた。ポップ力の発動だ。

慶應義塾大学で開いたＨＡＤＯイベントで、６歳の男の子が吉田沙保里選手とガチ対戦し、勝利を収める一コマがあった。〝誰もが超人〟の夢がもう実現している。２０１９年に入り吉田さんは引退宣言をした。ＨＡＤＯの敗北がきっかけではなかったかと気がかりだ。２０２０年の東京オリンピック・パラリンピックに合わせ、超人五種競技の国際大会を開きたい。競技の開発・普及、選手の育成を国際的に進めたい。

２０１７年、フランス・ロワール地方でのバーチャルリアリティ大会「LAVAL VIRTUAL」

にＨＡＤＯなどいくつかの種目が出展し反響を得た。２０１８年夏にはオランダ・デルフトでイベントを開催した。世界的な開発・普及・参加のコミュニティを作っていく。

ビデオゲーム対戦「ｅスポーツ」との連動も重視したい。ｅスポーツ後進国であった日本でも２０１８年２月、統一団体「日本ｅスポーツ連合（ＪｅＳＵ）」が設立され、本格離陸する気配だ。２０１８年、ジャカルタで開催されたスポーツの祭典、アジア大会で公開競技となったｅスポーツで日本人選手が金メダルを獲得した。オリンピックの正式種目となる期待も高まっている。

超人スポーツはフィジカルに体を動かすスポーツであり、ディスプレイ内に完結するｅスポーツとは一線を画するものの、ＶＲやＡＲを使った境界領域の競技も増え、融合する可能性も高い。両者が連携して発展するよう図りたい。

人類は、ＰＣ・ネット・コンテンツの「デジタル時代」から、スマホ・クラウド・ソーシャルの「スマート時代」を経て、ロボット・ＩｏＴ・ＡＩの新時代に突入する。人とモノ、モノとモノが交わる。今までの〝人〟を上回る頭脳が自律していく。Society 5.0 のこの瞬間は、人類史の大きな転換点となる。自分の身体を動かす〝スポーツ〟という原始の営みで、その転換に立ち向かってみたい。

2020年の挑戦

人類は技術で身体を拡張しようとしてきた。まず、手足を拡張しようとした。杖、義足、浮き輪、船、自動車、飛行機、ロケットを作った。遠く、速く、行けるようにした。視聴覚を拡張しようとした。メガネ、補聴器、スピーカー、電話、テレビ、ネットを作った。遠く、速く、コミュニケーションできるようにした。外へ外へと身体を拡張した。

今度は、それらの技術を全て自分の身体に取り込んで、拡張した身体とは何なのかを問う番だ。その一つの答え「超人スポーツ」。

協会の活動は3P。超人スポーツをPlanして、Playして、Promoteする。協会には、ロボティクス、スポーツ科学、ゲームなどの科学者が集まっている。アーティストやアスリートも参加し、企業も参加したコミュニティだ。

みんなで、拡張する。

まずは「身体の拡張」。例えば外骨格スーツ。スーパーな義手義足。スマートな補助具で身体を拡張する技術とデザインを開発する。

「道具の拡張」。誰もが魔球を投げられるボール。何キロメートルも先の的を射抜くアーチェリーの弓矢。

ハイテクが投入されるほど超人度が増す。超高性能のゴーグルをつける。遠目の的を見据える。距離、風速、風向きと軌道を正確に計算する。結果が背中と腕に装着した補助具に送られる。きりきり。腕を引っ張り上げる。ここだという位置とタイミングにGO！が出る。こんなぼくでもアーチェリーの世界チャンピオンに勝てる。ああ、やってみてぇ。

「フィールドの拡張」。リアルな陸海空のスポーツ場を開拓する。バーチャルな空間を開発する。

「トレーニングの拡張」。競技だけでなく、日々の訓練や練習にもイノベーション。

「プレイヤー層の拡張」。ガチの、ハイエンドの競技だけではない。もっと大事なのは、老若男女、障害者、みんなが参加できるようにすること。

身障者が補助具で超人になるのなら、健常者は妬むかね。超人になるために、健常者が腕を、脚を、肉体を切り落とす日は来るのかね。それは禁止されるのかね。あるいは、いずれ奨励されるのかね。宗教上の理由で国によりばらつきが出るのかね。サウジがポケモンを禁止したように。規範の緩い日本はサイボーグの楽園となるのかね。

などとつぶやきつつ、健常者・身障者問わず器具をフルに使って競うポップ&テック融合の超人スポーツ大会を成功させたい。超人スポーツ協会は2020年、東京オリンピック・パラリンピックに合わせ、超人五種競技の国際大会を開催する計画だ。

「2020年の挑戦」。ウルトラQで肉体の退化したケムール人が地球人の若い肉体を奪いに来た。我々はデジタルで肉体をウルトラに強化しておく必要がある。時間がないのだ。ちなみにケムール人はケムール「人」である。バルタン星人やガッツ星人のような星人ではない。ネアンデルタール人やクロマニヨン人のような、人なのだ。ああみえて身近な存在である。

「2020年の挑戦」。超ヒマ社会の入口で迎える東京五輪は、メディア技術のショウケースとなる。メディア技術がそれを照準に開発されていく。

1936年、ベルリン五輪はレニ・リーフェンシュタール『民族の祭典』で知られる映画の五輪。ナチスがプロパガンダでフル活用した。同時にそれはラジオで世界中継された大会だった。女子200メートル平泳ぎ、NHK川西三省アナウンサーの「前畑がんばれがんばれ前畑」は鉱石ラジオで聞かれた。

♫『STAY TUNE』(Suchmos)

テレビで世界中継されたのは1964年、東京大会。1996年、IBMとCNNの本拠地アトランタではデジタルがフル活用されコンピュータ五輪となった。ネットで全競技が配信されたのは2012年ロンドン。2016年リオでは、VRや8Kなどいくつか実験的な取組みはあったが、まだメディアの潮流といえるほどの実装はなかった。

なので2020年東京は、ラジオ、テレビ、ネットの次が一度に来る。Society 5.0がまとめてドカン。それは4K・8K、VR・AR、ロボット、ドローン、IoT、AI、ビッグデータ、ブロックチェーンのオリンピックになる。4K・8K、VR・AR、ロボット・ドローン、IoT、AI、ビッグデータ、ブロックチェーンのショウケースになる。そうしよう。

teamLab 猪子《いのこ》寿之さんが五輪のリアル競技映像を都市に展開する構想を見せてくれた。棒高跳び映像がビルにプロジェクションマッピングされ、選手が2階のスタバに飛び込んでスゲー。１００メートル走金メダリストと一緒に走るサイネージ・アトラクション。全競技のデータ・映像を使って、五輪後もあちこちで再現・活用できるといいね。やってみたい。

猪子さんは五輪開会式を分散・参加型にしたらいいと言う。新国立競技場の式典はリアルだと数万人しか入れない。それを世界60億人が映像で見る。場を東京に閉じるとしても、渋谷浅草秋葉原あちこちでアート・イベントを催して、次々と中継していく。実物大ガンダムや数万体の自動走行ロボットにも繰り出してもらいたいな。

スポーツとテクノロジーは蜜月だ。ＶＲ、ＩｏＴ、ＡＩが浸透している。

楽天、ＤｅＮＡ、ソフトバンク。ＩＴ企業3社がプロ野球の球団を経営しており、技術の導入には熱心だ。まずはＶＲをプロ選手の練習に導入している。

楽天とＮＴＴデータが開発したＶＲ機器は、各球団の投手の映像に球種やスピードのデータを加えて投球を再現する。横浜ＤｅＮＡもＶＲの打撃機器を専用トレーニングルームに導入した。

ソフトバンクはリオ五輪でＶＲのスポーツ配信を行ったNextVR社に出資。バスケット、体操、陸上、ビーチバレー、ダイビング、ボクシング、フェンシングなどの３６０度映像を85時間提供した。リオではＢＢＣもＶＲの３６０度サービスを実験的に提供している。

ＩｏＴ。スタジアム全体にカメラとセンサーを埋め込んだＩｏＴで映像やデータを発信する。さいたま市「ＮＡＣＫ５スタジアム大宮」ではスマホで特定の選手だけを追いかける映像を楽しめる。グラウンドでも審判によるボールのライン・イン・アウトの判定を補助するシステムが導入されている。サッカーではゴール判定システムが２０１４年ＦＩＦＡワールドカップ・ブラジル大会から採用されている。

富士通は３Ｄセンサーで取得した体操選手のデータをテレビ放送用のコンテンツとして提供。パナソニックはゴルフで選手の緊張度を映像で表現し、離れたホールの様子を携帯端末に配信している。

ＡＩとビッグデータ。米オプタはテニス、ラグビー、ハンドボールなどで、パスの成功率や各選手のポジションといったデータを世界40カ国のテレビ局やニュースサイトなどへ提供している。

ＮＢＡは各選手の動きを20種類以上のデータで調べられるサービス「スタッツ」を開始した。大リーグ機構ＭＬＢも投手と打者の過去の対戦成績を分析できる機能を用意している。サッカーのドイツチームもＳＡＰと連携してビッグデータで戦力を強化している。

日本ではパ・リーグ６球団が投手と打者の過去の対戦成績をリアルタイムに紹介するサービスを開始した。ＰＣ向けに試合の模様とさまざまなデータを同時に表示する仕組み。データを分析してスポーツ観戦を盛り上げようとする動きだ。

ピョンチャン冬季五輪の中継で、ＮＨＫは「ロボット実況」を試験導入した。オリンピック放送機構ＯＢＳが配信する競技データをもとに、日本語の実況文章を即座に作り音声合成する仕組み。２０２０年にはＡＩアナやVtuberアナが本格導入されそうだ。

２０２０年、そんな全てが大画面パブリックビューイングで共有される。手のひら第一、スマホファーストが定着する一方、超街頭テレビにみんなが集まってライブで騒ぐ。進化した街頭テレビは、見るだけじゃなくて一体感・参加感を体験できるものになっている。

ＮＨＫは２０１６年リオ五輪の試合と、２０１８年サッカーＦＩＦＡワールドカップ・ロシア大会の日本vsコロンビア戦を8Kリアルタイム中継した。渋谷・NHKホール、映画館より大きい600インチのスクリーンと22・2台のスピーカーは、競技場にいるよりもスゴい体験を与えた。

見る、を超え、〝いる〟。視聴ではなく、参加、体験。4K・8Kはそのキレイさが強調される。4Kはハイビジョンの4倍、8Kは16倍の画素数。だが、より大事なのは見る人の視野角が広がること。2Kは30度、4Kは60度、8Kは100度。100度になると視界全部がディスプレイになる。没入感が変わる。22・2台のスピーカーは前後左右に加え上下方向にも3層を持ち、音を忠実に再現する。

この環境を整備するため2016年、「映像配信高度化機構」が発足、NHK、NTT、NTV、スカパーJSATなど19社が参加し、ぼくが理事長を務める。2020年には全国にこうした施設を整備する。自治体による4K・8Kのハコを加えると500〜600カ所になるはずだ。

2030年はどうだろう。オリパラの競技者はテクノロジーを全身にまとうことを許されているだろうか。排除されているだろうか。もたもたしているうちに、ゴーグル、外骨格スーツ、スーパー義手義足、立体機動装置（進撃の巨人）をまとう超人スポーツマンたちが陸海空を制圧しているかもしれない。eスポーツが五輪で最も人気のある種目になっているかもしれない。

選手とファンの身体がシンクロする。選手が見ている、その視線で観客も観戦するＶＲ。選手がボールを握ったり蹴ったりする触覚を共有するハプティクス。スポーツは五感で楽しむ。

スポーツはスタジアムや体育館を出る。スクランブル交差点で、シャッター商店街で、廃墟ビルで、プロジェクションマッピングとドローンを駆使して、都市空間と溶け合って、みんなが集まってみんなで騒ぐ。そんな進化を遂げているかもしれない。

ぼんさんがへをこいた

第1回の超人スポーツ大会は東京タワーで開催した。ケムール人を倒した東京タワーが超スポにはふさわしい。内閣官房オリンピック・パラリンピック推進本部の支援を得て、ＨＡＤＯなど合計10の競技が行われた。第2回は渋谷の國學院大學。長谷部健・渋谷区長も参戦した。次はスクランブル交差点をジャックして開催したいな。

２０２０年東京五輪に向け、東京の場を開拓する。２０２５年大阪万博に向け、大阪を開拓する動きも始まった。吉本興業が指定管理する万博記念公園、岡本太郎の太陽の塔があるところね、超スポの会場としてセットされる計画だ。

２０１９年のゴールデンウィークにはＨＡＤＯをはじめ超人スポーツ協会が認定した7競技による「超人スポーツＥＸＰＯ」を万博公園で開催、アキナやパンサーなど吉本芸人も参加して大暴れした。

合わせて、競技の開発にも余念がない。ＨＡＤＯの他にも合計40競技が開発されている。

「サイバーボッチャ」。目標となる白いボールに向かって6個のボールを投げ合い、多くのボールを白ボールに近づける。ボッチャをテクノロジーで拡張し、クールに輝く体験を生み出す。ワントゥーテン社の商品。

「サイバーウィール」。パラ陸上のレースで使われる車イスレーサーを未来型にデザインした。ＶＲで２１００年のＴＯＫＹＯを走り抜けるエンタテインメント。左右のタイヤについているハンドリムを回す。その速さによってＶＲの３６０度映像が疾走する。距離は４００メートル。これもワントゥーテン。

「ゴーンボール」。体重移動で操縦する電動スクーター「ホバートラックス」を土台に、座って両手でアクセル、ブレーキ、回転できるようにした競技用乗り物「ゴーン」。操縦し、衝突し合って、ゴーンの足元にある3個のボールを落とす。初めて乗っても、前後左右、急発進・急回転、すぐさま自在に操縦できて、楽しい！　けどぶつけるの怖い！

「バブルジャンパー」。ばねでできた西洋竹馬を足につけてジャンプ力を強化し、弾力性のある透明な球体を上半身に被って、ぶつかり合う超人相撲。ぴょんぴょんの、ビヨンビヨンで、ドカンドカン。

「キャリオット」。小型モーター車を手綱で操作する人機一体の競走。『ベン・ハー』に出てくる古代ローマ戦車競技にインスパイアされ開発された。3歳から80歳代まで、障害者を含めみんなが参加できるスポーツ。

「スライドリフト」。電動アシスト全方向車イスで、ドリフト走行などのテクニックで競い合うレース。小回り、鋭敏な動きができる器用さ、繊細さ、判断力が勝敗を握る。

いろいろある。そして年々、増えていく。

競技はみんなで作る。バブルジャンパーもスライドリフトもハッカソンで作られた。4本足で走れば、ボルトより速くなれる。だから腕に拡張装置をつけて、脚にする。それで4本足で走れ。水の上を走りたい。だから巨大な風船の中に入って、走れるようにする。

♫『OVER THE WATER』(ザ・カーディガンズ)

アホか、と思えるような装置と競技を、作る。しかめっ面した科学者と、技術者と、デザイナーと、学生と、アスリートと、会社員と、その他いろんな人が寄ってたかってチームを組んで、うんうん作る。

超☆野球開発プロジェクト。横浜ＤｅＮＡが旧関東財務局の場でハッカソンを開催した。「野球」に絞り、その拡張を試みた。研究者、会社員など約40人６チーム。審査員はぼくのほか、ＤｅＮＡ南場智子会長、ライゾマティクス齋藤精一社長、東大・稲見昌彦教授など。

ヘンテコなものが開発された。

「超☆ピッチング」。大リーグボール養成ギプスのような、身にまとう装置。ゴムで玉を投げるパチンコみたいな。右でぐ～っとテークバックして、左でピュン。時速２００キロメートルの豪速球を投げられるという触れ込みだ。バカっぽい。

「超☆ボール」。誰でも魔球が投げられる球。ＬＥＤ＋光ファイバーで表面が彩られる。光ったり消えたりする。薄暗いフィールドで光るボールで遊んで、消えたら、大リーグボール２号。本当の大リーグボール２号より、よく消える。と思う。

「だ・る・ま・さ・ん・が・こ・ろ・ん・だ」

関東の方はこうやって10を数える。てんぷくトリオ三波伸介さんは「乃木さんはえらいひと」と数えた。ぼくの福岡の友人は「インディアンのかばやき」と数えた。京都のぼくは「ぼんさんがへをこいた」「においだらくさかつた」と数える。地域ごとに遊びは異なる。掘り起こせば、地域ごとに豊かなスポーツが生まれそうだ。

岩手発・超人スポーツプロジェクト。岩手のご当地超スポを作ろう！ 岩手国体の開催に合わせて、ご当地超スポの開発第1号として達増《たっそ》拓也知事が手を挙げた。フェンシング太田雄貴選手も参加した。

「トリトリ」。3機の小型ドローンでゴールを目指す。守る側は大型ドローンがぶらさげる網で、小型機を捕まえる。サッカーのＰＫ戦のような競技。宮沢賢治『銀河鉄道の夜』に登場する「鳥捕り」がモチーフだ。ドローンは誰かが首相官邸の屋根に落っことしてから厄介な扱いを受け、規制も導入された。このドローン競技、いつか首相官邸前で、やりたいぞ。

「ロックハンドバトル」。盛岡市・三ツ石神社の説話を元に、学生がマンガを描き、その世界観をスポーツに転化した。大きく重い岩のような腕＝ロックハンドをぶつけあい、相手のハンドについている小さなロックを落とす対戦。岩の手だから岩手。いや逆か、岩手だから岩の手。この腕が10キログラムあって、顔を真っ赤にしてぶん回す超人感がハンパない。

他にもいろいろ作られ、東京でもプレイされている。

佐世保のハウステンボスには「変なホテル」がある。チェックインは恐竜ロボットやアンドロイド女性が担当。ポーターロボットや掃除ロボットも活躍している。「変なレストラン」もある。バーテンの「ダニール」が手ぎわ悪くお酒を作ってくれる。安川電機製「やすかわくん」がソフトクリームを担当している。

訪れると「ジャパン・ドローン・チャンピオンシップ」が開催されていた。すさまじい熱気とスピード競争だ。障害物のある会場に挑むドローンレーサーの体験コースも設けている。そして商用化された超スポ・HADO3種が提供されている。リアルモンスターバトル、ダンジョン・オブ・ダークネス、サモナーバトル。超スポを商用化し、ビジネスにし、産業にしたい。

このような場を世界各地に設けたい。

フランス、LAVAL。パリからTGVで約2時間、人口5万人の落ち着いたロワール地方の町。ノルマンディーとブルターニュの結節点。カマンベールの宝庫だ。アンリ・ルソーの生家がある。毎年、世界最大のＶＲ大会「LAVAL VIRTUAL」が開催される。自治体、スポンサー、研究者、ベンチャー企業、学生、そして一般参加者。８０００平方メートルの会場いっぱいに1万人が集う。

そこにＨＡＤＯ、キャリオットなど超人スポーツが参加した。ヨーロッパでも羽ばたいてもらいたい。ロシアから「ドローンサッカー」が参加していた。ドローンからボールの映像をプロジェクションするとともに、靴の位置をセンサーで測り、屋内外どこでもサッカーができる。ドイツからは「テーブルテニストレーナー」。卓球のラケットにタグがついていて、ユーザーのプレイスタイルを分析し、トレーニングメニューを出す。プレイするフランス人がみな卓球がヘタでいかんわ。ドイツ向きなのかのう。松本大洋『ピンポン』のペコは最後にドイツに渡ったよな。

こうして超スポは世界に広がる。

涙が出ちゃう男の子だもん

インド・コルカタ。終戦直後のヤミ市でもここまではと思わせる壮絶な雑踏。叫び声。腕のない物乞いの老女。足を切り落としたと思われる物乞いの子ども。すわり小便をする男。うろつく犬、犬、犬。叫び声。路上に生まれ、路上に暮らし、路上に死んでいく人が数百万人にのぼる街。

♫『シャウティング・アウト・ラウド』（ザ・レインコーツ）

宿でテレビをつけたら、『ＳＵＲＡＪ（スーラジ）』が始まった。インド版『巨人の星』。半世紀後の巨人の星だ。その前の週に開催された政府・知財本部会合で、講談社の野間省伸《よしのぶ》社長が新しいクールジャパンのモデルとして紹介していた。アニメ〝を〟売る、から、アニメ〝で〟売る。スポンサーはスズキ、ＡＮＡ、ダイキン、日清食品。クルマや旅行、クーラーやインスタント食品。昭和40年代にぼくらが憧れた暮らしを、アニメを通じてインドにも届ける。

ＳＵＲＡＪは野球ではなく、クリケットの物語だ。重いコンダラも、オロナミンＣのＣＭも登場しない。でも父親は食卓をひっくり返す。いきなり養成ギプスも出てくる。ただし児童虐待がうるさいため、金属製ではなくゴム製にしたという。長髪のライバルは高級車（スズキ）に乗ってる。だとすればいずれ魔球も登場し、オーロラ３人娘も現れよう。


『巨人の星』大リーグボール1号を投げる星飛雄馬も、それを打ち返す花形満も超人である。ぼくは両方に憧れた。

『侍ジャイアンツ』番場蛮の大回転魔球を投げたかった。

『アストロ球団』９月９日生まれの９人の超人たちが繰り広げる長い長い試合ごっこをした。

『アニマル1』レスリングでメキシコ五輪を目指す東一郎のアニマル・ドロップを仕掛けたい。

『あしたのジョー』矢吹丈がウルフ金串に放ったトリプルクロスカウンターがカッコいい。

『キャプテン翼』大空翼のオーバーヘッドキックのエア練習をした。

『キックの鬼』沢村忠のハリス・キックガムを買って応募券を送るとアポロ月面着陸３飛行

士のメタルシールが当たった。

『アタックNo.1』鮎原こずえを真似て「だけど涙が出ちゃう男の子だもん」とつぶやいた。

『サインはV』朝丘ユミとジュン・サンダースとのX攻撃は結局どういう攻撃なのかわからずじまいだ。

『金メダルへのターン！』速水鮎子の「飛び魚ターン」はぜったい無理だと思った。

スポ根でなくてもいい。『ドラゴンボールZ』クリリン。『キン肉マン』キン肉真弓。『パーマン』パーやん。この世には個性的な超人が大勢いる。ぼくのNo.1は『サイボーグ009』の004、本名アルベルト・ハインリヒ。義足の超人、マルクス・レーム選手と同じくドイツ人。目は照準器、右手はマシンガン、左手は手裏剣。体内には原爆を組み込んでいる。キャー、イカすーっ。

『テニスの王子様』『ハイキュー!!』『ピンポン』『黒子のバスケ』『弱虫ペダル』『ユーリ!!! on ICE』『あさひなぐ』『GIANT KILLING』『風が強く吹いている』……。

ヒーローは生まれ続ける。ぼくのわたしの超人観が育ち、受け継がれる。人には人の超人。これだけたくさんのポップな超人がいる国もあるまい。

超人スポーツ協会の共同代表、稲見昌彦『スーパーヒューマン誕生!』。人間拡張工学、つまり機器や情報システムを用いて、人の運動機能や感覚を拡張することで超人を作る研究を説く。現実感を作る技術としてのVRとテレイグジスタンス。分身となるロボットやヒューマノイド。ポスト身体性を展望する。

研究の系譜をタテ糸に、内外のSFやポップカルチャーをヨコ糸に紡いで、難解な先端工学をグイグイと解説していく。日米のSFやポップカルチャーを丁寧に合わせ読む。そう、超人スポーツはテクノロジーとポップカルチャーの融合。人機一体でポップ&テック一体なのだ。

登場作品。『2001年宇宙の旅』『ザ・フライ』『インビジブル』『ジュラシック・パーク』『マルコヴィッチの穴』『マトリックス』『リアル・スティール』『トータル・リコール』『サロゲート』。やはりこれらは押さえておかなければなるまい。

『ドラえもん』『パーマン』『攻殻機動隊』『エヴァンゲリオン』『サイボーグ009』『コブラ』『ジャンボーグA』『鉄人28号』『寄生獣』『ゴルゴ13』『アンパンマン』『デモクラティア』。これらをつぶさに追う研究者だからこそ超スポが生み出される。

本書は刺激的な知見を数多く与える。例えば、思考は身体に規定される。頭の中で早口言葉を10倍の速度で言うことはできない、という指摘（確かにそのとおりだ）。ピンク（マゼンタ）は物理世界には存在せず、赤と紫という両端の波長を同時に見ることで脳が感じる色である。人間の感覚は視覚より聴覚の方が速いのだが、光速と音速の差を脳内で同時になるよう補正している（そうだったのか）。

ジョンソン大統領が専用機の温度変化にうるさいので、大統領の手元にニセの温度調節つまみを作ってやったら文句を言わなくなった、自分が調節したら温度が変わらなくても納得したというエピソード。

ウェアラブル機器に電流を流して人の身体を操る研究や、頭にカメラをつけて遠くにいる人がその映像を追体験する身体シェアの研究を紹介する。肉体を遠隔操作し、体験をシェアする。稲見教授は、身体は一体誰のものなのかと問う。面白い。

玄関の自動解錠、ピアノの自動演奏、空腹時の自動調理などＩｏＴが空想する多くは、透明ロボットの自動操作のようなものだ、と言う。稲見教授は光学迷彩で透明人間を実現したことで有名。身体・感覚の拡張とIoTとがここに帰結する。面白い。

ヒーローを生み、超人を生み、怪獣を生み、ゆるキャラを生み、アトムのようなヒト型ロボットを生み出す。神が作り給ふカトリック的な規範がなく、逆に八百万の神々が棲む日本の得意技だ。

小林雅一『AIの衝撃』は、日米でロボット開発の方向性が違うと指摘する。日本：人間が操作する単機能ロボットvs米国：AIを搭載して自律的に動く汎用ロボット、という見方だ。日本のロボット・メーカーに勤めるエンジニアの大半は、大学では機械系や制御系を専攻し、AIとは無関係だという。ものづくりとAI・ITとが分離している。これはマズい。

〝何を作るのか〟という点で日本がブレているとも言う。アシモのようなヒト型ロボットに対し、かつてアメリカは冷ややかだった。するとヒト型ロボットを開発する東大発のシャフト社に対して霞が関は「ヒト型に市場はない」と結論づけ、日本では資金が得られなかった。シャフトはGoogleに買収された（その後ソフトバンクが買収）。今やアメリカの本丸はヒト型となっている。

これに関し、稲見教授も「人がロボットにしてほしいことを追求するには人が活動する環境に機能を合わせるため」ヒト型に重点が置かれると指摘する。ＡＩの発達により、ロボットに求める機能も進化している。日本はいずれをも追えていないように見える。

小林さんは問う。蒸気機関、自動車、重機、コンピュータなど、力の大きさや移動速度、計算能力などの面で、人間の能力を超えるマシンを人類は開発してきた。最後の砦としての「知能」もロボットやＡＩに譲り渡すのか。

そして自答する。人類はそう決断するだろう。地球温暖化、大気汚染、核廃棄物処理など人類が直面する問題は人類単独で対処しきれなくなる。人間を超える知能を備えたコンピュータやロボットが必要とされるだろうと。

そして説く。「知能」が人間に残された最後の砦ではない。それを上回る〝なにものか〟を私たち人間は持っている。自分よりもすぐれた存在を創造し、それを受け入れる私たちの先見性と懐の深さだ、と。

機械に対する漠然とした不安から、未来に対する悲観論も漂っている。これに対し、ぼくらに必要なのは、やみくもな楽観論ではなく、創造論で未来を克服していく、この姿勢だ。

超人スポーツを創造し続ける未来を作ろう。

日本のeスポーツ元年

そろそろeスポーツの話をしよう。ビデオゲームを競技化したものだ。対戦ゲームをスポーツと捉える。テクノロジー主導という点では超人スポーツと親しい。超人スポーツは体を動かし汗をかく、身体性に軸を置く。eスポーツはディスプレイの中の、バーチャル空間に特化している。いずれも情報社会の新スポーツだ。

eスポーツには格闘やカーレース、サッカー、戦略ゲームなど多種多様なジャンルがある。プロプレイヤーも出現、収入が1億円に到達するプレイヤーもいる。野球やサッカーに並ぶような人気や知名度を持つスポーツビジネスになりつつある。

eスポーツは産業として期待されている。2017年で世界市場は15億ドル、5年で1・5倍の成長率。オーディエンスは現在の2・8億人が5年後に5・6億人になると予想される。

スポーツとして認知されるようになった。2022年中国の杭州で開催されるスポーツのアジア大会での正式種目に決まった。２０１８年、ジャカルタのアジア大会では公開競技として開催された。サッカーの「ウイニングイレブン」で近畿大学の杉村直紀選手とＮ高の相原翼選手が金メダルを獲得した。

オリンピックの正式種目になることも期待されている。早ければ２０２４年パリ、遅くとも２０２８年ロスと噂される。２０２０年東京は何らかのプレ大会が開催されよう。ゲームが強ければ、国を背負って金メダルを取ってヒーローになってプロになれる。

世界的にはこの20年でアメリカや韓国が本場となって成長してきた。日本はゲーム大国でありながら、ｅスポーツ後進国だった。市場規模は世界の１／15。プレイヤー数は日本は世界の１／20。そして賞金獲得額は29位にとどまるという。

この大きな原因は、日本がゲーム大国だったことだ。任天堂・ソニーというゲーム機の巨人が80～90年代に世界市場を制したが、それは家庭用のテレビ向け。世界はパソコン＋ネット向けのゲームに傾いていった。日本は成功体験が大きすぎ、ネット対戦ゲームへの取組みに遅れた。

ようやく日本でも機運の高まりが見られるようになった。しかし大きな課題が2つ立ちはだかっていた。賞金規制とプロ化である。

景品表示法でアマチュア向け賞金の上限を10万円とする規制が大型大会の開催を難しくしてきた。ゲーム会社が賞金の出し手となる典型的な賞金大会が規制に抵触するのだ。大会参加者の参加費を賞金に回すことが刑法上の賭博罪に当たるという点もある。これら日本特有の制度が企業の本格参加を阻み、プレイヤーに資金が回らず、有力プレイヤーは海外大会に向かっていた。

もう1つはプロ化のための団体統一だ。日本にはeスポーツ団体として日本eスポーツ協会（JeSPA）、e-sports 促進機構、日本eスポーツ連盟（JeSF）の計3団体が存在していた。日本オリンピック委員会JOCに加盟し、ひいては国際オリンピック委員会IOCに加盟するにはその統一が条件とされてきた。

これらの課題が2018年2月、解決に向かった。まず関係3団体を統合し、日本eスポーツ連合（JeSU）が発足した。ぼくが理事を務めたJeSPAも解散・合流。自分のクビを切るいい仕事をしたね！ JeSUはeスポーツのプロライセンス発行を行う。正式なプロ選手が生まれてくる。これは同時に、景品表示法の賞金規制が適用されないプレイヤー群ができることを意味する。企業が資金を提供するプロチームや大型大会がセットされる。メディア価値が高いコンテンツの基盤が整う。企業が安心して資金を投ずる環境が整った。

２０１８年は日本のｅスポーツ元年となった。

ニコニコ闘会議でプロライセンス発行の試合が組まれ、サッカーＪリーグの参入が発表された。セガが「ぷよぷよ」のｅスポーツ化を発表。ｍｉｘｉが「モンスト」で賞金総額６０００万円の大会を開催。日本野球機構（ＮＰＢ）が「パワプロ」プロリーグの開催を発表。弾みがついてきた。

ぼくが座長を務める政府・知財本部でもｅスポーツが取り上げられるようになり、知財計画２０１８年にはｅスポーツを振興していくことを明記した。国もゲームを国家戦略として位置づけた。

２０１９年の茨城国体では、「ウイニングイレブン」で47都道府県対抗ｅスポーツ大会が開催される。元マイクロソフト・元ドワンゴの大井川和彦知事が意気込む。ＪｅＳＵが予選会を各都道府県で行い、秋の国体に合わせて決勝ステージが行われる。

メディア対応も急速だ。本格参入した吉本興業はプレイヤーや実況芸人を育てるだけでなく、渋谷にeスポーツの拠点「ヨシモト∞ドーム」をオープンし、さまざまなイベントを開催している。eスポーツは映像エンタメ・ビジネスであり、収益の4割はメディア＋広告だ。世界的にはネット配信が中心だが、NTV、フジ、TBSなどテレビ局も番組を作り始めた。

毎日新聞社はサードウェーブと連携し、「全国高校eスポーツ選手権」を開催。高校のeスポーツ部発足を支援し、eスポーツ高校生を応援する。高校野球を育てたように、eスポーツを育成する。プロゲーマーを育てる専門学校も出現した。大学のクラブやサークルも盛んになってきた。ビジネス、教育などのピースが揃ってきた。

しかし始まったばかり。アメリカなど先進国との差は大きい。Amazonが1000億円で買収したTwitchの視聴者数は1日当たり1000万人に達し、全米でネットフリックス、ユーチューブに次ぐトラフィックを誇る。

全米大学eスポーツ協会によれば、アメリカとカナダではeスポーツプログラムを持つ大学が80校以上ある。米ユタ大学は「リーグ・オブ・レジェンド」参加チームに学費を全額免除。公立のカリフォルニア大学アーバイン校は325平方メートルのゲーム用アリーナを設置した。

韓国も力を入れている。韓国政府・ソウル市が産官連携で作り上げた町、ソウル・デジタルメディアシティ(DMC)にCJ E&M社が韓国最大のeスポーツ専用スタジアムを設置している。650席の会場は毎日、試合が組まれ、ケーブルテレビやネットで中継。KT、サムスンなど通信、IT、メーカーがスポンサーだ。

2018年11月、台湾高雄市で開催された「第10回 eスポーツ・ワールドチャンピオンシップ」。総合順位で日本は第5位だった。1位:韓国、2位:フィンランド、3位:サウジアラビア。当面の目標は韓国だ。

今後の課題は・環境整備と人材育成。

まず産業基盤となる環境の整備。オリンピック正式種目化と正式参加を進めたい。JOCにも認知してもらうべく、スポーツ庁などにも働きかけて機運を盛り上げよう。合わせてメディア事業としての基盤も整えていく必要がある。４Ｋ・８Ｋ高精細のパブリックビューイング会場を全国整備するプロジェクトにｅスポーツも乗せたい。

そして人材育成。プロの育成にはＪｅＳＵもＪリーグもＮＰＢも吉本興業もみな乗り出す。それ以上に裾野の拡大が重要。リアルなスポーツのように学校や地域のクラブ活動化していく。早稲田では１５０人規模のクラブ、慶應にも数十人のサークルがあるが、高校はじめ全国に広げていきたい。「国体で正式採用となれば、ウイイレが体育の授業になるかもよ」と夏野剛さん。期待する。

ゲームなんてと見下す風潮も強い中、ｅスポーツが健全なスポーツとして認知されるには、オリンピック種目になること。そしてスターを生むことだ。藤井聡太さんのようなスターを生み、わかりやすいアイコンを得たい。

♫『スター・コレクター』（ザ・モンキーズ）

ｅスポーツは、身体性が低いものの、ビジネスは先行し、人気の高いジャンルだ。超人スポーツは、スポーツ色が濃いものの、開発途上だ。そしてこれらは今後、融合していくことが予測される。

Nintendo Switchの「ＡＲＭＳ」は腕がバネのように伸縮するキャラクターを操作する格闘ゲーム。２本のコントローラーを両手に持って闘う。片方の手を前に出すとパンチ、手をひねるとパンチの軌道が曲がるなどの操作でキャラクターを動かすことができる。これは、ｅスポーツであり、超人スポーツでもある。このようなリアル＋バーチャルの、身体性の高いｅスポーツも増えていくことだろう。

新領域を開拓していきたい。

空気を換えたい

ここで試験問題を出します。

え、聞いてない？　いやだってコレぼくの授業だから。ボーっと生きてるとチコちゃんが叱るぞ。

問題：超ヒマ社会のスポーツ政策を考えよ。

ヒントだけ出しておこう。

２０３０年、超ヒマ社会のスポーツ。

既存のスポーツはコーチングや訓練にＡＩやＩｏＴがふんだんに使われ、高度化している。作戦や選手配置はほぼＡＩが決める。ＡＩの指令で人が闘う。ＡＩの性能が勝利を左右するので、多額の投資がスポーツＡＩに注がれていよう。

鑑賞もテクノロジーで姿が変わっている。全視線を覆われる超大画面や全方位リアルＶＲで、競技場の中に身を置く感覚で試合を体験する。世界中のファンと一緒になって、つながって応援する。

選手の身体とシンクロする装置で、選手感覚になって楽しむ。東大・暦本《れきもと》純一研究室では、体操選手が競技中に見ている光景を共有するＶＲを開発している。慶應大・南澤《みなみざわ》孝太研究室は、バットやラケットの触覚を放送するシステムを開発している。

人体をハックする。スポーツにも使われ得る。ゴーグルをつけて、視線を他人と交換して、互いに相手の目になって動く仕組みがある。それを使ってサッカーをするとか。耳の後ろの電極に微弱な電流を流し、三半規管や前庭部を刺激して、加速度の感覚を味わわせる仕組みがある。それやボディスーツなどを使って、人の身体を操縦する。人を操縦する肉弾戦とか。

ロボカップは２０５０年にヒト型ロボットがワールドカップチャンピオンに勝つことを目標にしている。２０３０年にはロボット＋ＡＩはどこまで強くなっているだろう。ベイマックスに登場するロボット開発環境はＭＩＴ、ハーバード、カーネギーメロン大学を参考にしたという。大学のキャンパスはスタンフォード大学と日本の建築様式を掛け合わせたという。こんな環境を作りたいなぁ。

ベイマックスのヒロたちはメカで身体を拡張する。オタクな大学生がマシンを装着して、超絶パワーを身につけ、陸海空を駆け巡る。これぞ超人スポーツが実現したいこと。空を駆け、水上を走り、水中で対戦する。そんなスポーツが登場しているだろう。

スポーツは都市で展開する。ビルも道路もスタジアムになる。ポケモンGOで老若男女が街でターゲットを探し歩く。その元バージョン、イングレスはリアルな都市空間をバーチャルなフィールドとしてハックし、足で稼ぐスポーツだ。

開発社ナイアンティックの次期タイトルはハリー・ポッターだという。ハリー・ポッターに登場するスポーツ、クィディッチ。タテ150メートル、ヨコ25メートルのフィールドをホウキで飛びながら得点を競う球技だ。あれぞ超人スポーツのモデル。実現するのかな。

スポーツは産業である。日本のスポーツ産業の市場規模は2015年時点で5・5兆円、GDP比1・0%だった。米国は49・6兆円でGDP比2・9%、中国は28・5兆円でGDP比2・2%。韓国は3・7兆円でGDP比2・8%。日本は低い。伸びしろを感じる。

スポーツ庁と経産省は2025年に3倍の15・2兆円にまで押し上げるとの目標を打ち立てた。プロスポーツ、アマスポーツ、スタジアム・アリーナ、スポーツツーリズムなど周辺産業、IoT活用、そしてスポーツ用品の総合戦略を推し進めるという。オリパラは大チャンス。

eスポーツ元年を迎えた東京ゲームショウでは、JeSUがデーンと大会を組んだ。KDDI、サントリー、ローソン……大きいスポンサーも集まった。世界最大のeスポーツ配信企業Twitchの日本1号社員である中村鮎葉さんによれば、視聴者数は世界トップ3へと急成長。日本は未開のブルーオーシャンであり、海外がチームの買収にかかっている。後進国であったがゆえに成長スピードが速く、有望な市場と見られているようだ。

だが、空気が問題だと指摘する。「ゲームなんて、という見方がネック。ゲーム禁止の学校もある。やっちゃダメという雰囲気があるから広がらない」。依存症の問題なども解消されなければスポーツとは認めがたいという専門家もいる。新種ジャンルの台頭に待ったをかけるのは、たいてい専門家という存在だ。映画は不健全で、エレキは不良で、マンガは不道徳だった。ケータイやネットは危険で、学校で使ってはいけない。

創造的と周りから見られているのに、自分は創造的と思っていない縮こまりに通じるところがある。自分の持ち物を認識しないで閉じこもるクセというか。空気の問題だ。空気を換えたい。換気扇を回せ。

ドローンも似たところがある。２０１５年、航空法が改正され、２００グラム以上のドローンに規制が敷かれた。官邸に落っこちて、あれよあれよと規制が成立した。ミサイルかよ。

♫『ミサイル』（P-MODEL）

悪者扱いだった。だけどスポーツやエンタメの可能性は大きい。

ジャパン・ドローン・ナショナルズ。ドローンに取り付けたカメラから送られるリアルタイム映像をゴーグルで見ながら操縦し、タイムを競うレースだ。選手はパイロットと呼ばれる。熟練になると時速１００キロメートル以上の速さで飛ばす。仙台の会場は満席、立ち見、ムンムン。

機体は最大３３０ミリ、プロペラは６インチ×３枚、ラジコン向け電波を使用する。赤、青、緑のポールやゲートを猛スピードでぐったり回ったり。攻める、突入する、激突する。スピード感、迫力、波乱。リアル会場でゴーグル映像も併せて見ると、こりゃ超人だ！

ドローンレースは電波や映像を使ったIoT＋VRスポーツ。情報社会スポーツだ。仙台市は国家戦略特区としてドローンに取り組むという。でも韓国、中国でさえ不要な免許や開局申請が必要という電波制度の課題やパイロットの収入源確保など資金面の課題がある。国が後押しするくらいの気構えがないと、これも日本は本場になれまい。

ドローンの機体デバイスは中国がシェアを握るが、カメラ、センサー、バッテリーなど部品は日本が強い。そしてネットワークがより重要。現在はアマ無線の電波を使っているが、今後は5Gで運用することになる。そのためには電波法改正などが必要。政府は規制緩和で道を開け。

アメリカはNASAが通信会社ベライゾンなどと連携し、ドローン向け航空管制システムを開発している。数万機のドローンと常時接続し、米連邦航空局FAAが運用する見込み。運用システムを握る国家戦略だ。JAXAがドコモやauと連携して国交省が運用するなんて話、聞かない。プラットフォームを握られる、デジャブが漂う。規制論の前に、戦略論をやろう。

空気の問題。厄介だ。

ここ20年ほど日本に蔓延する「1億総びびり症」。縮み指向だ。まずいことが起きると、じゃやめとこ、締めよう、となる安全志向。超自粛モード。そして自縄自縛で動きが取れなくなる。そんな情勢が続いている。

２００５年のいわゆる姉歯問題。安全性の計算を記す構造計算書を偽造した事件だ。すぐ建築基準法が強化され建築確認が厳格になった。建設業が冷え込み、景気減速につながった。投資家保護を重視し、金融商品取引法で商品販売での説明義務を重くして、投資ファンドの日本離れを招いた。貸金業法の規制を強化し、中小企業の資金繰りが厳しくなった。官製不況の事例だ。

「青少年がケータイを使うのは百害あって一利なし」。２００７年、福田康夫首相（当時）の見解は「青少年インターネット環境整備法」の規制につながった。ケータイ産業という、当時まだ強みを持っていた分野が凍え上がった。日本の教育情報化も途上国並みに遅れた。

食品偽装でも赤福の消費期限や白い恋人の賞味期限などを巡り、ヒステリックな報道や消費者の対応が見られた。インフルエンザ流行では老若男女がみなマスクを着用する異様な光景をみせ、海外から日本はそんなに危険な状態なのかと受け止められた。

〝消費者を守る〟ことを名分に法規制が強化されていく。90年代には規制緩和を通じて産業を活性化する対策が多くの業界で採られたが、安心・安全を求める声が上がるたび逆に過剰なルールが導入され、社会経済活動が萎縮して、かえって世の中が不安定になっている。

3．11が追い打ちをかけた。全国的な服喪状態。震災後、被災地以外の土地で、集まりや遊びを自粛し、下を向いて歩くのが礼儀のような空気がたちこめた。被災地の方々は冷静で、世界から賞賛が集まったように整然と事態に対処し、困難に立ち向かっていった。自粛自粛自粛となったのはその他の地域だった。復興に当たってはこの自粛強要が最大の敵だった。

ビッグデータの中核である個人情報について、「第三者への実名公開を許容できるか」という国際アンケート調査の結果、日本は「許容できない」が57％に達し、最高だった。ネット選挙運動も医薬品ネット販売もマイナンバーも心配が先に立ち、導入が遅れた。その空気から脱していない。

1964年、東京五輪のころのような槌音が響かない。1970年、大阪万博のころのようなこんちには感が宿らない。平成が始まったころのような脳天気なバブル感がない。平成が終わり新時代となる。２０２０年、東京五輪が再来する。２０２５年、大阪万博が再来する。これ以上の機会はない。

幕末、京の都、慶事の前触れとばかりに「ええじゃないか」と大衆が踊り巡った、そんなやみくもな元気が欲しい。「いいね！」を積み上げて、空気にしていって、社会としての「ええじゃないか」に持ち込めないものか。

ヒントになったかな？

4 超教育戦略

ＡＩ教育が学校の壁を壊す！

世界の子どもにデジタルを

超ヒマ社会は超学習社会だ。翻訳はＡＩの得意技。語学の先生はいなくなるかもしれない。歴史は検索の得意技。世界史の先生はいなくなるかもしれない。時間かけてやっと頭に押し込んだものの多くは、必要なくなっていく。もっと他に勉強したいことはいっぱいある。

どうすればねっとりしたカルボナーラが作れるのか。どうすれば恋愛を成就できるのか。どうすれば時速１６０キロメートルのボールを弾き返せるのか。どうすればツェッペリンのグルーヴ感を出せるのか。どうすれば爆笑させられるのか。どうすればフォロワーが1万人になるのか。どうすればｅスポーツでオリンピックに出場できるのか。

どれもこれもうんとうんと勉強がいる。勉強は大事になっていく。勉強が大事なヒマつぶしになる。

変化し続ける社会。否応なく学び続けなければならない。だが超ヒマ社会の勉強は、自分のスキなことだけ、楽しいことだけ学ぶ勉強になる。エキサイティングでセクシーな学び。どう設計しようか！

1995年、ベルギー・ブリュッセル。情報通信G7サミットが開かれた。アメリカ代表はアル・ゴア副大統領（当時）、日本代表は橋本龍太郎通産大臣（当時）、各国首脳に民間代表も交じり、情報社会のデザインを戦わせた。当時パリにスパイとして派遣されていたぼくは会場に潜り込んだ。

スパイというのは本当だ。ぼくは日々フランスの政府高官を接待しては情報を分析して東京に打電していた。同じ仕事をしているアメリカ人2人組がいた。今夜はこっちがタイユヴァンで食わせる、明日はそっちがルカ・カルトンで飲ませると情報交換していた。園《その》まりも藤圭子も「夢は夜ひらく」と喝破した。至言なり。パリでも東京でも大事なことは夜のサロンで決まるのだ。

ある日その2人が仏内務省に逮捕されスパイ罪で国外追放となった。じゃあぼくもスパイだ！　内務省にぼくは逮捕されないのかと聞きに行った。逮捕されたらカッコよくね？　でも相手にされなかった。日米の国力の差を痛感した。

まぁいい。情報通信G7の場で日本の民間代表、セガの大川功《いさお》会長（当時）が不規則発言をした。「情報社会は子どもの世代が作る。おっさんが話していてもしょうがない。子どもの意見を聞け」。G7の賛同を得た。同年、各国の子どもを集めるジュニアサミットが開かれることになった。第1回は東京。第2回は98年、MITがホストとなった。ぼくはそのタイミングで政府を離れ、MITメディアラボに参加した。

ネグロポンテ所長（当時）率いるメディアラボには、マーヴィン・ミンスキー教授、シーモア・パパート教授ら歴史書に名を残す巨人がごろごろしていた。パソコンの父アラン・ケイ博士もよく来ていた。そこでぼくは彼らとともに大川さんの名を冠する研究所MIT Okawa Centerを建設する構想を進めた。

レゴ・マインドストームを開発したミッチェル・レズニック教授チームと仕事をした。ヘンリー・チェスブロウ『オープン・サービス・イノベーション』は、マインドストームがソフトウェアをオープンにしてユーザーを引き込んだ事例を顧客との共創モデルとして推奨する。慶應義塾大学大学院メディアデザイン研究科（KMD）の教授でもあった石倉洋子『戦略シフト』

もオープンシステムの例としてマインドストームを挙げる。当時は当たり前のやり方だと思っていた。その後チームは、今世界中の子どもたちが最も使っているプログラミング言語スクラッチを開発した。

その一環でアスキーの創業者・西和彦さんとぼくは「100ドルパソコン」構想を提案した。世界の子どもにデジタルを。その日のうちにMITに採択された。ネグロポンテらがアメリカ政府を巻き込み、世界的なプロジェクトに育った。2001年のことだ。

ネグロポンテの次に所長を務めたウォルター・ベンダー『ラーニング・レボリューション』によれば、40カ国に250万台を普及させた。ウルグアイでは2009年、全ての子どもに配布した。だが2001年、ぼくが日本の文科省でプレゼンした時にはけんもほろろに追い出された。日本にはデジタルは不要だという。なんでやねん。驚いたねどうも。

パパート教授は言う。タイムマシーンで150年前の外科医が現代の手術室にやってきた。立ち尽くすだろう。医療の環境は一変したから。150年前の事務員が今のオフィスにやってきた。呆然とするだろう。オフィス環境は様変わりしたから。150年前の教師が学校にやってきた。何食わぬ顔で授業を始めるだろう。何も変わっていないから。

21世紀型能力を育てる教育モデルが求められている。一斉に知識を授ける、受けるという教育スタイルから、自ら知識を獲得し、共有し、創出して、問題を解決する学習スタイルへ。これをＩＴで実現しよう。

教育の情報化は30年も議論や取組みが続いている。だが日本は遅い。日本で学校内・学校外でＩＴを使う割合は他国に比べ突出して低い。小学校ではパソコンは６人に１台のままだ。政府の予算はたびたび仕分けにあう。

じぇんじぇんダメ。

ぼくは２００２年に帰国し、ＮＰＯ「ＣＡＮＶＡＳ」の設立に関わった。プログラミング教育などＭＩＴが進めたデジタルによる子どもの創造力・表現力を高める運動をスタートさせた。主催する「ワークショップコレクション」は２日で10万人が参加する世界最大級の子ども創作イベントに育った。活動15年。政府はプログラミング教育を必修化することとなった。

２０１０年には教育の情報化を推進するため「デジタル教科書教材協議会（ＤｉＴＴ）」を立ち上げた。全ての小中学生がデジタル環境で勉強できるようにしよう。１．１０００万台の情報端末の整備、２．全教科のデジタル教科書・教材の開発、３．教室内無線ＬＡＮ整備率１００％の３点を進めよう。活動８年。ようやくデジタル教科書が正規の教科書として認められる法律が通った。

状況は変わりつつある。ＣＡＮＶＡＳやＤｉＴＴを作ったころには、政府からも大御所の学者からもバッシングの嵐だった。だが新しい教育を待つ保護者や子どもたちの支持は強い。後戻りせず進みたい。

なぜ教育のデジタル化、ＩＴ化、情報化なのか？　最もよく聞かれる質問だ。メリットは３つ。

１．映像や音声でわかりやすくなり、創作・表現力が高まる。

２．ネットでつながって、教え合い学び合いが進み、どの田舎でも先端の情報が得られる。

３．機械で繰り返し学習ができ、効率化した先生が生徒に向き合える。

創造・共有・効率。たのしくて・つながって・べんり。

だがこんなメリットの議論をしているのはもう日本だけ。なぜ仕事場にネットを入れるのかなんて聞く人はいないでしょ。平成も終わったのに、令和が来たのに。職員室は今もファックスが中心。パソコンは鎖でつながれ、USBは校長室の金庫に入っていて、使うにはハンコを押せ！　学校の先生方とIT化の議論をしたら、いかにファックスが便利かの話になり、結論は「もっといいファックスを作ってもらおう」になった。ホントの話。

♫『It's No Game』（デヴィッド・ボウイ）

日本のデジタル化が進まなかったのは、教育が成功していたから。明治は近代の工業化で列強に伍す必要があった。頭脳に均一の知識を植えた有能な人材を大量に生み出す。その教育に成功し、世界がうらやむシステムを作った。

ところがOECDの国際学力調査「PISA」で、2000年には1位を誇った数学がその後あれよあれよと低下した。何とかしなければ。もっと深刻なのは、やる気。国際アンケートでは、算数を面白いと思う子が世界平均67％に対し日本は39％。役に立つと思う子が世界90％に対し日本71％。日本の子は勉強を面白いとも役立つとも思っていない。

何とかしなければ。21世紀に最も必要な力は、OECDも、EUも、日本の文科省でさえも、情報活用能力・デジタル能力ということで専門家の意見は一致を見ている。じゃあやるしかない。

デジタルによって進み具合に応じて違う教材が与えられ、ネットでつながった生徒同士が教え合い学び合う。それは江戸の寺子屋のようなものだ。年齢の異なる子どもたちが、進み具合に応じて異なる教材を使い、車座になって教え合ったり学び合ったりする。明治時代に一斉学習スタイルへ移行したが、情報社会には改めて別のスタイルが求められている。

デジタル教科書の導入、プログラミングの必修化で一歩前進だ。しかし地球はもっと速く回転する。教育もＡＩやＩｏＴの時代に突入する。

クリストファー・スタイナー『アルゴリズムが世界を支配する』は、医療ニーズの99％はコンピュータを使った正確・安価な医療に置き換えられ、普通の医師は必要なくなるという。職業観ががらりと変わる。プログラミングできるカリキュラムは当然。もっと先を見なければ。

２０１８年ノーベル医学・生理学賞の本庶佑《ほんじょたすく》京大特別教授は、科学者を目指す子供たちに「教科書を信じるな」と説いた。自分の目で見て、疑い、考えろ。超ヒマ社会には教科書はなくなっている。ガラパゴス日本の学習指導要領なんてのも作れなくなっている。そうなればもう指標はない。

そんな時代に対応する能力って何を学べばいいのかな。まずはＡＩを使いこなすコンピュータ・サイエンス（ＣＳ）。問題の解決を論理的に組み立てる。プログラミング教育の土台。ＳＴＥＭ（科学、技術、工学、数学）やそれにアートを加えたＳＴＥＡＭとも言い換えられる。そしてＡＩには苦手な哲学。問題は何か・どう思考するかを蓄積した学問。

予見不可能な時代が来る。変化し続ける社会となる。どう社会が変動しても対応できるように身構えておきたい。そして大人、社会人は予見不可能な社会、変化必定の世に、再教育・学び直し＝リカレント教育で備えなければならない。自分を変化させるための学習だ。

変化への対応力が重要となる。変化に対応した場数が値打ちを持つ。どれだけ多くの仕事を経たか。どれだけの波乱を経たか。どれだけ転換したか。どれだけ移動したか。どれだけ泣き笑いしたか。

役所や大企業で定年を迎える方が「つつがない職業人生でした」とあいさつして花束を受け取る。もうそれは立ち行かない。てゆーか「つつがある」人生が推奨される。変化に次ぐ変化で波乱万丈でございました、が花束だ。

〝変化を楽しむ覚悟〟が最も大切。思ってもみない変化、来い、の心構え。

紙をなくす気か!

2011年、京都大学の入試でカンニングが発生した。大学は警察に通報、その受験生は捕まった。調べに対し、ケータイを使ったと供述。問題を見て、机の下で親指で書き写した。ガラケーだな。それをYahoo!知恵袋に送る。返ってきた回答を今度は画面を見て解答用紙に書く。という手口。

そんなことをしてはいけません。

当時、文科省で教育情報化の委員会があり、ぼくも参加していた。専門家が議論を重ね「教育の情報化ビジョン」が策定された。繰り返し登場するキーワードは、〝教え合い学び合い〟だ。デジタル時代に最重要なのは、教え合い学び合いなのだ。

ちょっと待て。

カンニング学生がしでかしたことは、教え合い学び合いではないのか。デバイスは進化し、利用力は高まり、若者は先に行く。そのモバイル＋ソーシャルの実力を入試という本番で示したら、いけないのだ。いや、いけないどころではない。逮捕されてしまうのだ。なんだか、おかしい。どういう人材を育てるのか。どういう教育を施すのか。学校や社会の軸が問われている。パソコンやネットありありの入試を用意できない大人に問題があるのではないか。

慶應義塾大学が試験に時計を持ち込んではいけないという指令を発した。Apple Watch のせいだ。そうかい。いずれメガネもだめになる。Google Glass のせいで。服も着てはいけない。ウェアラブルのせいで。素っ裸で入試だ。ぼくは大学の入試監督をしながら、悶々としている。

経団連が人事担当にアンケートを取った。新卒採用に当たって重視した点は何か。1位はコミュニケーション力。82％のダントツ。2位、主体性61％。3位、チャレンジ精神50％。でもそんなこと大学は教えていないよ。

大学の先生が重視するのは学生の学業の到達度や慶應のブランドといったことだ。これに対し経団連の調査結果は、学業成績5％。出身校4％。大学が気にすることなんて、社会はどうだっていいんだな。学校と社会がすっかりズレている。

デジタル教育、STEM。教育を変革しよう。旗を振り始めたころ、驚くほど批判を受けた。最初が田原総一朗『デジタル教育は日本を滅ぼす』。田原さんの世代が弱い言葉は何だろう。そうだ革命だ。そう考えぼくは『デジタル教科書革命』という本を書いた。けしからん！ということで、ニコ生で対決させられた。

田原さんは「授業が画一的になる＋先生が要らなくなる」という主張。どうやらデジタルを電卓と同一視している。君たちはそれを配ってドリル学習させる気だなと。ちがう、ぼくらのデジタルは田原さん得意のTwitterだ。ネットで多様な考えに触れ、答えのない海に漕ぎ出す。先生は朝生のコーディネイト役みたいになるからますます大事になる。

さんざん議論したら「お前の言うことは、わかった」。ぼくらの活動に参加して旗を振ってくれている。わかる大人はいい。

次の強敵は田中眞紀子／外山滋比古『頭脳の散歩　デジタル教科書はいらない』。「読まなくなる＋書かなくなる」と主張されていた。デジタル以後、人類は3倍よく読むようになった研究がある。紙を読まなくてもタブレットで読む。書かなくなるのはぼくも心配。書かせなければば書かなくなる。それは紙かデジタルかの問題じゃない。

田中先生が文科大臣になられた時は、我らもはやこれまでと切腹を覚悟したが、あちらが短命でぼくらは生き永らえた。しかし、次の強敵は大勢の与野党国会議員に呼ばれた時だった。「のめりこみすぎる＋目が悪くなる」という攻撃を受けた。

のめりこみすぎる。「はい。そんな素敵な勉強をさせてあげたいです」。これはひとまずこれで済んだ。目が悪くなる。「ぼくは目が悪いです。パソコンでこうなったんじゃありません。本の読みすぎです。本を禁止しますか」。これもひとまずその場は乗り切った。

今もまだこういう声がくすぶる。要するに、デジタルとアナログを対立項にするからこうなる。「紙をなくす気か！」という批判もある。いや、紙には紙の、えんぴつにはえんぴつのよさがある。デジタルにしかできないこともある。紙だろうがPCだろうが目を近づけすぎたら目が悪くなるし姿勢も悪くなる。道具に過ぎない。デジアナ双方をどう使いこなすかだ。うまく使っている学校現場を見ればいい。ノートもPCも、紙も鉛筆も、黒板もネットも、子どもたちは同時に使いこなしている。いつか紙や黒板は要らなくなるかもしれない。でもそのスピードは大人が決めなくていい。まずは使わせることだ。

おカネがかかるという批判もある。おカネ、かければいいじゃないですか。公教育にかけるコストのＧＤＰ比は日本は３・４％で、ＯＥＣＤ中ほぼ最下位。教育におカネをかけていないのだ。教育情報化にいくらかかるのか。ウルグアイがやったように、小中学生１０００万人にタブレットを持たせるとして、１台１万円だとすると１０００億円。公共事業の工事を数日休めば全員に行き渡る。未来に対し、それぐらい投資できないか。これこそ政治の問題。

実は文科省はおカネをつけている。年間１８００億円ほどの地方財政措置を講じている。なのに６人に１台という状況が変わらない。教室の無線ＬＡＮは３割どまりだ。なぜか。この予算はヒモつきじゃない。だから地方自治体が道路や港や橋に使ってしまってるんだよね。実はこの問題、ローカルの問題で、地域格差が大きい。市町村長のやる気の問題なのだ。

いや、首長さんのせいにするのはフェアじゃないな。実は日本の教育情報化が途上国並みに沈んでいるのは、本来進めるべき層が邪魔をしていた面がある。田原総一朗さんらから批判を受ける前、ぼくらは日本もデジタルを推進せねばと根回しに走った。

だが、教育情報化を専門とする大御所の先生方、教育アカデミズムの重鎮は動かなかった。

時期尚早、調査が必要、研究が必要、検証が必要、議論が必要。なにそれ? そうか、教育の改革は、教育がブレーキだったか。そのままでは100年たっても調査と研究をしていることだろう。

♫『100年』(フリクション)

ぼくらは頼む先を替えた。東大の小宮山宏・元総長、京大の長尾眞・元総長、慶應の安西祐一郎塾長(当時)、テクノロジー界のトップに相談した。みな「やるのは当然」と応援してくれた。慶應・村井純教授、アラン・ケイ博士らIT系の強力な支持もあって動き始めた。

これら情報化はデジタルの〝光〟を子どもに与えるものだが、〝影〟もある。ネットいじめ、出会い系、サギ、エロ、炎上。ネット安全安心問題だ。この対策は2008年ごろから本格化した。安心ネットづくり促進協議会(安心協)やモバイルコンテンツ審査・運用監視機構(EMA)などが設立された。

ぼくは安心協を設立する際の世話人であり、EMAも理事を務めた。通信・プロバイダー・

ＳＮＳにとっての大きな課題となり、法律、フィルタリング、リテラシー教育という、規制、技術、教育の３本柱からなる対策が立てられた。

ガラケーはスマホになり、Twitter やＬＩＮＥが普及し、対策も変化してきた。最初は〝使わせない〟対策だったが、〝どう使わせるか〟に主軸が移った。デジタル教科書の正規化も定まり、学校では使わないと勉強ができなくなる。家でもどう使うのか、ということだ。

問題は多い。フィルタリング対策を講ずるＥＭＡは経営が行き詰まり解散した。公益を保つ資金を誰がどう負担し続けるか。子どもはわかっていても、親や先生がわかっていないのをどうする。ショップでの対応を手厚くすると待ち時間が長くなるぞ。今ぼくは総務省「青少年の安心・安全なインターネット利用環境整備に関するタスクフォース」の座長として光・影一体の対策に取り組んでいる。

カンだけで100年やってきた

M-1グランプリは、4年に一度のオリンピックと、4年に一度のFIFAワールドカップに次ぐ大切なコンテンツだ。ぼくには。マンザイは尊い。道具も楽器も何も要らない。笑わせる、目的はその純粋な一点。スタンダップ・コメディや落語と違い、コミュニケーションで表現する。アホでもかしこでもできる。貧乏は売りになる。これほど愛おしい芸術はない。

いずれこのフォーマットは海外に進む。言葉の壁以上に、ローカルな文脈を共有しなければ笑いは取れないので、難しい。けれど、いずれ行く。育てたい。M-1は世界の頂上決戦。研ぎ澄まされた芸がぶつかり合う。舞台を見ているとぼくは尊敬しすぎて泣いてしまう。

M-1で一人勝ちなのが吉本興業だ。霜降り明星が和牛とジャルジャルとの戦いを制した2018年は決勝10組中9組が吉本（しかも関西）だった。2017年は9組、2016年は6組である。興行屋の地位は揺るがないように見える。

ところが、吉本興業は今後〝教育企業〟になるという。どういうことか。

創業は1912年。以来107年、お笑い一筋。関西でクラス一アホなやつは「吉本行け」と言われていた。クラス一アホでも吉本に来たらもっともっとアホな強豪がひしめき合っているから、頭角を現すのは天才だけだ。そうして、やすきよ、ダウンタウン、そしてM-1の中川家、フットボールアワー、ブラックマヨネーズ、チュートリアル、NON STYLEといった偉人を生んできた。

だが、その間、吉本は完全変態を遂げてきた。大正から昭和にかけ、劇場ライブを本業とする半世紀。60年代にはテレビに本拠を構え、半世紀にわたり1次・2次・3次のお笑いブームを巻き起こした。ここまでが1世紀。お笑いの認知度と芸人の地位向上を成し遂げた。

1世紀を迎える、大﨑洋・現会長が社長に就任したころには、デジタルへの体重移動を進めた。それ以前から衛星放送やDVD等への取組みには熱心で、さらにネットやスマホのビジネス展開に力を入れた。メディアの進化に、常に先駆的に取り組んできた。

同時にグローバルなビジネスへ踏み出した。アジアに芸人を住まわせる「海外住みます芸人」

で種を蒔きつつ、政府系のクールジャパン機構と連携してビジネスを具体化させている。

２０１９年４月には、ＮＴＴと提携して教育コンテンツなどを発信する事業「Laugh & Peace_Mother（ラフアンドピースマザー）」を始めると発表した。クールジャパン機構が１００億円を出資する。

〝遊びと学び〟をコンセプトに、教育コンテンツやアプリを制作・配信することと、バーチャルなコンテンツ、アプリをリアルに体感できるアトラクション施設を設置すること、つまりバーチャルとリアルの双方を進める。ぼくも関わっていく。

日本で一番柔らかい吉本が、一番堅いＮＴＴと組むというのは大事件。でも教育コンテンツやアジア市場、そして国産プラットフォームという未開の領域に切り込むにはいい座組だ。

記者会見には、吉本興業の大﨑洋会長、ＮＴＴの澤田純社長、クールジャパン機構の北川直樹社長の３人が登壇。ぼくと木佐彩子さんがモデレートした。

大﨑会長「吉本は全員がビリギャルみたいなもん。ぼくも含めてダメダメ人間の集まり。だから、いろんな人たちのお世話をするというのがベース。一人ひとりの子供が、自分で考えて、強く生きる力を持つための新しい学びが必要だ」

映像化を担当するのは小松純也さん。フジテレビの伝説的なヒット番組を作り続け、NHKの『チコちゃんに叱られる!』という国民的番組も作られた小松さんが、独立して最初に仕掛けるのがこのネット・プラットフォームというのも大事件だ。教育やテクノロジーをどう料理するか、注目!

海外で最初にブレイクした日本のロックバンド「少年ナイフ」は、戦略的に仕掛けたのではない。自分たちの気持ちいい音楽が勝手に米英で火がついた。コンテンツは計算外のところから火がつく可能性がある。日本食の海外ブームは西洋人の舌がやっと育ってきたということ。「醤油やだしの味に慣れさせるのに20年かかった」と京都「菊乃井」の村田吉弘さんから聞いた。時間をかけ、人材と文化を育てていく。

1世紀あまり、〝人＝芸人〟を軸とする点に一切のゆらぎ、ブレがない。人を資源とし、人を資本とし、人を大切にし尊敬して仕事を進める。いかにメディアや技術が変わっても。戦争が起こり、負け、流行り廃りが変わっても。そして今最大の戦略は、その〝人〟の能力を、〝芸人〟の枠を超え、壊し、広げようとするところにある。

又吉直樹『火花』。ピースというお笑い芸人が小説で芥川賞を獲得する。それ自体、高度なギャグだ。それをネットフリックスの映像作品にする。アメリカの大資本に制作費を出させて映像化。190の国と地域にネット配信する。さらにNHK地上波でオンエアする。板尾創路監督での映画化、武富健治さんによるマンガ化へとマルチ展開し、京都国際映画祭でのライブ展開へと至る。

芸人の小説という〝原作力〟をマルチに、グローバルに広げる。ジミー大西のアート、キングコング西野の絵本、カラテカ矢部のマンガ。ジャンル越境の創作力はフラットに評価を受けている。渡辺直美は中国の紅白歌合戦とも呼ばれる上海・アリババの番組に、マライア・キャリーらと並んで日本代表を務めた。

ここまでは、見えている〝ビジネス〟の話。注目すべきは、その次の、これから100年の展望だ。それは〝パブリック〟の領域である。1．地方創生、2．ソーシャルビジネス、3．教育。本来は国や自治体が進めるべき社会インフラの構築。グローバル化と並び、そこに挑戦するという。グローバルは10年、パブリックは100年かけて進めるテーマだ。

1．地方創生

沖縄国際映画祭を11年、京都国際映画祭を5年続け、地域を賑やかにしている。全国47都道府県に「住みます芸人」を揃え、地域を活性化する。赤字であっても継続し、根付かせている。

2．ソーシャルビジネス

2018年、ノーベル平和賞のムハマド・ユヌス氏とともに「ユヌス・よしもとソーシャルアクション」を興した。住みます芸人が地域で暮らして体感した社会問題について、スタートアップ企業のテクノロジーの力とエンタテインメントの力で解決に取り組む。住みます芸人とIT企業、シェアエコ事業者、大学などとをマッチングする。社会起業である。

国連のSDGs（持続可能な開発目標）とも連動する施策。SDGsという地球規模の課題に向け、芸人がわろてんか行動をする。面白くもマジメなプロジェクトだ。

3．教育

エンタメ人材を育成するため、これも2018年、「沖縄ラフ&ピース専門学校」を開校した。クリエイターやパフォーマーを育て、沖縄で生まれたコンテンツを世界へ発信する。学校法人を設立しての教育への本格参入だ。立命館大APUや近畿大学とも提携している。ぼくが準備する・iUとも提携する。

２０１８年10月、安倍首相と習近平国家主席が会談した際、日中の政財界トップが参加してインフラ、ＩＴなど52件の協力覚書が署名交換された。その一つに、吉本興業の案件があった。中国を代表する投資ファンドである華人文化グループ（ＣＭＣ）と共同で、エンタテインメント人材の発掘・育成を目的とした大学を設立する。その提携に合意したのだ。

俳優、ダンサー、歌手などのパフォーマー、映画、映像、アニメなどの制作担当者、音響、舞台、衣装などの技術担当者、ＶＲ、ＡＲなど先端技術の担当者など。日中、アジアの若者を受け入れ、世界の教育機関と連携する。

２０２０年3月には上海に開校し、３年以内に大学としての国の認可取得を目指すこととしている。

矢継ぎ早に撃ち抜いている。


『恋とマシンガン』（フリッパーズ・ギター）

大﨑会長は吉本興業の次の本丸を〝教育〟と公言する。ラファンドピースマザーも教育一本でいくという。1世紀〝人〟でやってきた企業が、いよいよ〝人〟を育て、お笑いからより広いジャンルをカバーする。

これらいずれも利益追求というより公益追求だ。とても上場企業では踏み込めない。ただぼくはこれこそ日本が進む方向の線上にあるステージだと見る。それは脱・資本主義、脱GDPで、みんなのハッピーを共有する世界観だ。

軍事の50年はとうに去り、経済の50年も去る。少子高齢化やグローバル化は避けられない。成熟し、世界の中で生きる。その背景にはITとAIがある。ITは情報の民主化と経済の効率化を極限まで進めた。モノの生産・消費はシェア経済、コト消費に移り、そしてみんなハッピーだ。そのメリットや効用はGDPには反映されず、経済としてカウントできない。

これからAIが仕事をこなす。超ヒマ社会が到来する。超エンタメの時代だ。遊ぶように働く。みんなで生んで、共有して、楽しむ。資本主義や経済成長の先に、〝人〟を中心にした次の豊かさが広がる。それは経済から文化の時代へ、という切り口よりうんと広い、文明の転換、とでもいうような。そんな世界を吉本興業は見据えている。

ひとつのゴールがSDGs。そこへの道のりがユヌス・よしもとソーシャルアクション。その具体策としての学校運営、住みます芸人。メセナやCSRではなく、本業としてやっている点が重要だ。それは吉本興業が本来、巨大なソーシャル企業だからできること。6000人もの芸人たちがカネよりもリスペクトといいね!を求めて人々をハッピーにすることが生業だからだ。

6000人の芸人が吉本興業の最大の資産だが、契約関係で縛るものではない。約束・信頼で緩くつながっているだけ。社交クラブなのだ。吉本はバーチャルである。信頼のみで貸し借りするユヌスさんのグラミン銀行と似ている。

彼らの多くはお笑いだけでは喰えず、三足四足のわらじを履く。AI時代の働き方を先取りしている。そんな彼らにチャンスと居場所を与える。それが舞台であり、テレビ番組であり、ネットであり、住みますであり、学校だ。

吉本興業のもうひとつの資産は、お笑いのファン、ないしフォロワー。特に関西では、朝も昼も晩も画面にお笑い芸人が現れ、ボケてツッコみ、そのリズムが社会の基盤をなしている。その目標は利益でも売上でもない。芸人が活躍すること。みんなが笑うこと。本気でそれを考え、実行する。

ムハマド・ユヌスさんは吉本興業を「お金を稼ぐのは幸せだが、ほかの人を幸せにするのは、もっととてつもなく幸せだ」と評する。これを受け、一橋大学・野中郁次郎名誉教授は「ソーシャルは人と人との関係性を示す言葉。共感が最重要。笑いも共感を生み出すアートだ」と答えた。このお二方にコテコテの新喜劇を見せコメントをもらう暴挙はこの会社でなければできない。テレビからデジタルへの50年、そしてパブリックやソーシャルの100年。吉本興業の幹部は「カンだけで100年やってきた」と言う。過去のカンは、かなり正しかった。現在のカンも、かなり正しい、と思う。

創造力と表現力を底上げしよう

「バートールー。ピヨピヨパーンチ！　カミナリおとしー！　ガーッ！　ハッハッハー。ボカーン！　ドワー。ドワー。ドワドワドワー。完」。正体不明のキャラクターが登場し、やたらバトルして、爆発してドワドワして終わる。子どもが作ったアニメ。ＣＡＮＶＡＳとフジテレビが共同で慶應義塾大学にて開いたワークショップの一コマだ。

ＣＡＮＶＡＳは２００２年に設立。石戸奈々子・慶應義塾大学教授が理事長を務め、ぼくは副理事長として関わる。以来こうした創作ワークショップを各地で開催してきた。これまで35万人の子どもが参加した。

♫『太陽の子どもたち』（小野リサ）

海外でも開催した。パリでは「お菓子がスキでキスがスキ」というファンタジックなアニメが作られる。電気も通らないカンボジアの村では「おかあさんの健康をお祈りする」という美しいデジタルえほんが作られる。日本ではどこで開いてもたいてい、ドカドカ闘うかウンコウンコウンコーとなるかである。みんな違ってみんないい。

映像制作。ネット上で誰でも利用できる映像素材の中から、選んで組み合わせて編集する。エフェクトや音響をつけて、オリジナルの作品にする。全てネット上で公開する。映像の選択、加工、表示を全てオンラインで行う子どものワークショップは、おそらく世界初の試みだ。

音楽制作。これもネット上の音楽素材の中から選んで編集する。エフェクトをつけて、ネット上で公開する。ネットにある無限の情報から、選んで編集して表現する。表現・編集リテラシーを取得すると同時に、知的財産・著作権についても学ぶ。

「キッズ地域情報発信基地局」。自分たちの住む地域の情報をブログや新聞などさまざまなメディアで発信する。おばあさん、商店のおじさん、みんなにインタビュー。地域文化の理解、世代間交流による地域全体の活性化が目標だ。海外の小学生との情報交換も行う。

これら子ども向けワークショップの祭典が「ワークショップコレクション」。従来のアナログの表現手段と最先端のデジタル技術を駆使した選りすぐりのワークショップを一堂に集める。10回目を慶應義塾大学キャンパスで開催した際は2日で10万人の来場を数え、世界最大級の子ども創作イベントに成長した。

アニメ作り、CG作り、DJ体験、プログラミング、電子工作といったデジタル系。粘土細工、和紙作り、糸でんわ工作、ちんどんパレードなど手足を動かすアナログでリアルなワークショップ。超人スポーツ特設コーナーや安心協によるネット教育コーナーもある。取り壊し前の渋谷・東急不動産本社ビルを使った際には、壁・窓・床・天井など空間全体を子どもに開放。ラクガキOKで、手がつけられない騒ぎとなった。

ハリウッドを凌駕するようなクリエイターやプロデューサーをどう生むかという高等教育は重要な課題だ。産業政策の本丸である。しかし同時に、デジタル技術が全ての人に行き渡る時代には、創造力や表現力を全国的に底上げする策がもっと大切になる。創造力と表現力を底上げしよう。初等教育の問題だ。教育政策、地域政策である。ワークショップコレクションは、その方向性を示す。

ワークショップコレクションは地方での開催も盛んになってきた。2019年3月には福岡で4回目が催された。会場は福岡・九州大学キャンパス。2万7000人が60のワークショップを体験した。吉本興業はCANVASに出資し、全国の芸人を活用するなどして、ワークショップの全国展開を目論む。

「国際デジタルえほんフェア」も開催している。世界中のデジタルえほんを集めるイベントで、前回は52カ国から700作品が参加、ボローニャの絵本展を超える世界最大のデジタルえほんイベントに成長した。

政府は2020年から小学校でのプログラミング教育を必修化する。イギリス、ロシア、ハンガリーなどでは、既に初等教育段階でプログラミングを必修にしている。世界的な流れだ。CANVASは設立時からプログラミング学習に取り組んできた。

MITメディアラボが開発した子ども向けプログラミング言語スクラッチを主に使う。キーボードからの文字入力を行うことなく、マウス操作でブロックをつなぐことで積み木のようにプログラムを作成することができる。

絵を描く、音楽を作る、アニメーションを作る、ゲームを作る、動くグリーティングカードを作り友達に送る、デジタルアートを作る。作品は実に多彩。センサーやモーターなどに指令を出すことにより、動くロボット、動くおもちゃを作ることもできる。

目的は子どもたちがコードを書けるようになることではない。重要なのは、プログラミング〝を〟学ぶことではなく、プログラミング〝で〟学ぶことだ。国語の時間があるからといってみんなが作家になるわけではない。音楽の授業があるからといってみんなが作曲家になるわけではない。同じようにプログラミングを導入したからといって、その目的はプログラマー育成ではない。

コンピュータは、パソコンを超えて、あらゆるモノ、分野、環境に溶け込み、定着し、それらを制御する。車はコンピュータと化し、掃除にはロボットが活躍する。家電、冷暖房、台所、風呂、全てをコンピュータが管理し、電車・信号機の管理、病院の診療システム、税金や銀行預金の管理は、全てネットで行われる。生活・文化・社会・経済のあらゆる場面で、私たちの生活をコンピュータが支え、仕組みは全てプログラミングによって生まれる。

その基礎メカニズムを習得することは、車など他の道具とは重要性が格段に異なる。国語・算数と同様、どのような人にも必要な基礎能力だ。コンピュータに関する原理的な理解があるかないかによって、社会のありとあらゆる場面における対処能力が、大きく変わってくる。

ＣＡＮＶＡＳはGoogleの後援により、プログラミングで学ぶ機会を全国の子どもたちに届けるプロジェクトを進めている。「CS for All」というプログラミング教育のプラットフォームを作り、主要なプレイヤーを集結させている。


これからの学びはどうすればいいかな。30人の子どもが集まり、「２０４５年未来の学びを考えるアイデアソン」を開催した。２０４５年、人工知能が人の力を超え、自律していく。いわゆるシンギュラリティ。その時代を見据えて、学校を、教育を、学びを、考えてみよう。

まず提案されたのはデジタル教育。「全員タブレット」、「みんなのノートを共有する」、「有名人と勉強する」、「昔の人とｉＰａｄで歴史を学ぶ」、「空中に絵を描けるクレヨン」、「思ったものをタブレットが書いてくれる」、「世界の先生とつながっている」、「授業がない学校」、「でもコミュニケーションするために学校は要る」。学校は対話と共創の場。わかってる。

ロボットを求める声、多数。「1人1台ロボット」、「掃除してくれる」、「給食を配らせる」、「ドローンで配膳」、「休んだ時、学校に行ってくれる」。かなりこき使うつもりだな。

移動革命を論じる者、多数。「ワープしたい」、「風船で飛んでいける」、「家の前に学校が現れる」、「ロボットに乗ってく」、「すべり台で登下校」。東京の子たち、私学の子もいて、学校が遠いというのが切実。

「ダメな先生を訴えると、放課後その先生はセンターに送られて、優しい先生になって帰ってくる」。えげつないことゆわはる。でも恐らくこれが最も連中のニーズが高い未来。

子どもたちは未来を見据えている。プログラミングのコンテストでは子どもが大人をしのぐ作品を提示する。若年層ほど未来を生きている。大人は教えてもらう側。子どもがフルスイングする環境を整えるのが大人の役割だ。

日本は遅れているのです

デジタル教科書教材協議会（ＤｉＴＴ）。２０１０年、教育情報化を推進する団体として設立した。当時、政府はさほど力を入れていなかった。孫正義さんら産業人が旗を振り、東大元総長の小宮山宏さんが会長となり、ぼくや石戸奈々子・ＣＡＮＶＡＳ理事長らが事務局を引き受けた。

ＤｉＴＴの運動を振り返る。２０１２年４月、「デジタル教科書実現のための制度改正」、「デジタル教科書普及のための財政措置」、「教育の情報化総合計画の策定・実行」の３点を提言として発出した。当初から１人１台の実現や制度改正を唱えるＤｉＴＴは、政府や守旧派からみれば過激派だった。

特に制度改正を正面に据えた。そもそも「デジタル教科書」は存在しない。法律上、教科書は「図書」と定義され、紙でないと認められていない。改正しろ。「デジタル教科書法案」も自ら用意した。

与野党・政府は反応し、知財計画にて「デジタル教科書の制度を検討する」と明記された。とはいえ慎重論も根強く、動きは停滞し、文科省に会議が設けられるまで3年、法改正まで6年を要した。

この運動は、国、自治体、学校現場、産業界、学界、保護者など国全体で進めるべきだ。そこで２０１４年「教育情報化ステイトメント」を発出し、制度改正や予算確保を唱えた。有識者、民間代表に加え、50の自治体の首長が賛同の声を寄せた。

リズムが高まってきた。民間企業はビジネスに本腰を入れた。先進的に取り組む自治体の首長らとのタッグも広がった。２０１５年には超党派国会議員による「教育におけるＩＣＴ利活用促進をめざす議員連盟」（会長 遠藤利明衆議院議員、事務局長 石橋通宏参議院議員）が結成された。

ＤｉＴＴは教育情報化の財政措置として、年８００億円規模の電波利用料から捻出することを提案した。それを総務省は２０１７年度予算・制度として措置することとした。

２０１８年には学校教育法・著作権法などが改正され、デジタル教科書の制度が成立した。プログラミング教育の必修化も決定した。超党派議連による「学校教育の情報化の推進に関する法律案」も国会に提出された。自治体に教育情報化を推進する計画を作らせる。デジタル教科書＋著作権法の制度整備ができたが、それを全国に推進するための措置だ。当初のＤｉＴＴの目標に向かってかなり動いた。

ただ、議連の会議の場で関連団体からヒアリングを受けた際、民間の別団体の代表（学界の重鎮です）が「教科書をデジタルに移行することに反対する」と強く表明され、驚いた。えっ、今さら？　この国にはまだ厚い壁があることを改めて感じた次第だ。

♫『ある悲しみ』（アストラッド・ジルベルト）

いいですかみなさん。日本は遅れているのです。ＯＥＣＤによれば、学校内で月1回以上コンピュータ学習をする割合は平均36・6％のところ日本は4・2％でビリ。コンピュータでグループワークするのは平均45・3％で日本は7・4％でビリ。学校外でコンピュータで宿題に取り組むのは平均66・5％、日本は8・1％でダントツビリ。恥ずかしいレベルを通り越し、笑える。

効果はあるのか。成果は出るのか。そんな声に押され、もう何年も何年も実証研究や調査が行われている。学習意欲が向上する。知識・理解が定着する。思考力や表現力が向上する。そんなデータも分析もとうにたくさん出ているが、今も研究や調査が続いている。

研究や調査はすればいい。アナログの勉強は数百年も行われてきていて、まだ理想の教育には到達していない。先生方は毎日、授業の向上に余念がない。デジタルも同じ。数百年後も理想には到達せず、研究や調査が続いているだろう。だけど、使わせるかどうかは、今決めないと、いつ決めるんだ。

先生方が使えない。そういう声もよく聞く。総務省の調べでは、デジタルを導入する前は51%の先生しか使えると言わなかったが、1年使えば80%が使えると答えたという。そりゃそうだ。タブレットは2歳児でも使う。先生が使えないわけがない。日本の先生は優秀なのに。韓国では先生のデジタル研修は数時間で終わりだそうだ。だって普段みんな使ってるもん。先生に使わせるかどうかも、今決めないと。

デジタルの20年。スマートの10年。さらにその次の大波、ＡＩやＩｏＴのSociety 5.0。教育にもその波が来る。教育の情報化は、PC＋CDで教材を使うデジタル教育から、タブレット＋クラウドでデジタル教科書のスマート教育へと移行する。それが今度はAI、IoTの、いわばAI教育へとコマを進めようというのだ。

しかし、日本はまだスマート教育にも至っていない。PCやタブレットの普及はまだ先だ。デジタル教科書はこれから作られる。そして学校はクラウドに接続していない。セキュリティやプライバシーの不安が先に立ち、外との接続が進まない。校内サーバでデータを抱える方がよほど怖いが、学校は外とつなぐ方が怖ろしいそうだ。

ソーシャルメディアも普及の途上だ。韓国では宿題も保護者への連絡もSNSで行っている。学校の活動をオープンにしたらモンスターペアレントが減ったそうだ。日本は保護者との連絡はまだファックスと電話である。

AI教育を進めるには学習履歴などのビッグデータをどう使えるのかがポイントになる。だがデータを外部と共有するかどうか以前に、使えるデータを学校が保有していない。

すべきことは明確。スマート教育のインフラ整備と、AI教育の先端開拓の2つだ。前者はキャッチアップであり、後者は世界をリードする取組み。

インフラ整備のミッションは3つ。タブレットの1人1台化、クラウドの普及、デジタル教科書の利用。1人1台は自治体がお金をつける仕事。クラウドの普及は、セキュリティのために学校をつながせないでいる条例などのルールを改めること。これは政府がガイドラインを作って促す。デジタル教科書の正規化は法改正を国会が実施した。だけど教育現場では授業の半分までしか使わせないルールを敷くそうだ。成果を早く上げて、使えるように広げなければ。

デジタル教材の普及にはもうひとつネックがある。著作権処理だ。紙の教科書を作るには法律上の特例があって、カネさえ積めば権利者のOKを取らなくても作れる。デジタル教科書もそういう制度にしてもらった。だけどそれは教科書の話で、そうじゃないコンテンツ、副教材やら参考書やらドリルやら、量的には教科書よりうんとうんとデカい「教材」は著作権の処理がたいへん。

それを楽にできるようにしようという活動もD·iTTで進めている。音楽ではJASRACが担っているような機能。JASRACはネット民の評判が今ひとつだが、音楽コンテンツの生産・流通・管理面では実に大切な仕事をしている。映像や文字の分野にはJASRAC

がないので著作権は大変なのです。で、教材ＪＡＳＲＡＣを作ろうと準備をしている。

中国国務院がＡＩ教育を国家戦略に位置づける発表をした。カメラを設置し、授業中の動きや表情を分析することで教育の質の向上に寄与するＡＩ実験なども始まっている。ＡＩ教育の先端開拓はぜひ進めたい。だが中国の動きなどを見るにＤｉＴＴだけでは荷が重い。

デジタル教科書の制度化などの成果を受け、次のステージに進まなければいけない。そこで２０１８年末、ＤｉＴＴは一大決心をした。次世代の教育を切り開くプラットフォーム「超教育協会」に合流してパワーアップする。活動を強化するため、解散するのだ。

解散して次に進んでパワーアップするのはぼくのお家芸なのです。次、これを説明します。

超教育立国を図ろう

教育はエンタメやビジネスよりも動きが遅い。それでもテクノロジーやグローバリズムの大波は受ける。２０３０年、世間が超ヒマ社会に突入するころには教育も変わっている。子どもたちが提示した２０４５年の教育イメージに近づいていく。

公立の小学校でもデジタルやスマートは定着する。一人ひとりに適したアクティブ・ラーニングが普及する。「１０００人の学生を週2回、講義室に詰め込んで、終身在職権のある教授が体系化した凝縮された知識を受け取らせる従来のやり方は、意味を失っている」（ニコ・メレ『ビッグの終焉』）

知識は機械で足りる。既に小学生は「ねぇGoogle、3たす3は?」と声を出して宿題をこなしている。Ｓiriを罵倒してストレスを発散する子もいる。Ｓｉｒｉは決して怒らないからエラい。２０３０年ごろならＡＩ＋ロボットは対話相手になり、先生の補助役として活躍していよう。

授業はアーカイブにコンテンツ化されている。世界中の知識がどこでも手に入る。リアルの講義はなくなる。それを元に教室ではディベートやものづくりが盛んに行われている。VRや4K・8Kで臨場感・没入感のある映像学習もある。薬品での大爆発実験や宇宙空間の体験など。

テストもなくなる。成績も学習履歴もブロックチェーンで管理される。だからテストで確かめる必要がない。学力を測る入試も要らない。

学校がオープンになる。地域の、海外のプロフェッショナルが先生となってオンラインで学校に入ってくる。海外の学校と多言語で協働する。学校も地域に、海外に、授業や活動を発信しなければコミュニティに入れてもらえない。

生徒・学生にすれば、どこかの学校に所属する意味が薄れる。インターフェース技術はMIT、AI基礎はスタンフォード、マーケティングはフランス・インシアード、文学史はオックスフォード、オタク学は明治、ゲーム制作はデジハリ、プログラミング基礎は木更津高専。個々のMOOCs授業を修了したブロックチェーン・リストの方が東大の卒業証書より値打ちを持つ。

中学、高校、大学、大学院。学校の壁は壊れる。よほどの魅力がないと負けていく。

CANVASが進めたプログラミング教育は必修化が決まった。D・iTTが進めたデジタル教科書は制度ができた。よし。だけど世界はAIとビッグデータとブロックチェーンに進む。プロのIT人材育成も課題のままだ。AI人材が不足するのは目に見えている。

テーマはぐいぐい広がり、ステージも変わる。2030年にはがらっと変わっている。ところが放っておくと変わらないのでお馴染み、日本の教育。そこで、新しい体制を作ることにした。「超教育協会」という。教育を再デザインする。従来の学校の枠を取り払った学びの場「超教育」を構想する。超教育立国を図ろう。

未就学児から社会人まで、教育×テクノロジーに関する民間の連携体制を構築する。IT人材育成策やAIの教育への導入策など、ITをはじめ、テクノロジーと教育に関する研究、実証、啓発、政策提言などを進め、次世代の教育をつくる。

AI、データサイエンス、統計、プログラミング、STEMなど先端技術を使いこなす力、そして、課題解決力や創造力などの21世紀型スキルがこれから必要とされる力だ。「超スマート人材の育成」を、「先端技術の教育利用促進」と「産業・教育の連携強化」を通じて進める。

呼びかけたところ、IT、ソフトウェア、コンテンツなど30を超えるデジタル系の業界団体オールスターとなった。通信業界、ネット業界のほか、音楽、ゲーム、アニメなどの業界も軒並み参加した。それら傘下の加盟企業は8000社にのぼる。

経団連、新経連、日本IT団体連盟、内閣府・知財本部、内閣官房IT総合戦略室もオブザーバー参加する。会長には小宮山宏・東大元総長（DiTT会長）が就任。理事長を石戸奈々子・CANVAS理事長が兼務する。ぼくはDiTTを代表して参加する。

設立シンポでは野田聖子総務大臣（当時）、柳沢幸雄・開成中高校長、青山友紀・東大名誉教授、松尾豊・東大特任准教授、桜井俊・元総務事務次官、宮内謙・ソフトバンク社長らからも檄を飛ばしてもらった。小宮山宏会長は説く。「日本は遅い。世界の速さに負けている。思いのある人が動くことが必要。国主導から自律・分散・協調に向かう中、国にも向き合って進む主体が重要だ」

協会は、ＩＣＴ教育の推進（プログラミング教育、教育情報化、リテラシー教育の推進）、先端技術の教育利用推進（ＡＩ、ビッグデータ、ブロックチェーン、ＶＲ等先端技術の教育への導入）、ＥｄＴｅｃｈビジネス支援、ＩＣＴ・ＡＩ・ＩｏＴプロフェッショナルの育成・確保などを進める方針だ。新技術の教育利用は学校主導ではなく民間企業主導で進んでいる。これを伸ばす。

ＡＩワーキング。ＡＩ研究の３総本山、理研、情報通信研究機構ＮＩＣＴ、産総研から各リーダーが参加している。理研は文科省系、ＮＩＣＴは総務省系、産総研は経産省系。企業代表にリクルート、ＫＤＤＩ総研、ソニー・グローバルエデュケーション、ＣＯＭＰＡＳＳなど。

ＩＴからＡＩに歩みを進め、後進国のキャッチアップから先進国によるリーディングに飛躍する。国主導のボトムアップではなく、民間主導で先端を伸ばす。政府に頼らず、枠組みを超えて進むべき。超・文科省だな。

ブロックチェーンワーキングも始めた。ベンチャー企業が主体となる。１．成績管理や証明発行、２．ノート売買、３．学校クラウドファンディングなどの可能性を実証していく。暗号資産やＰｔｏＰ取引所などの仕組みは学校間でも使えそうだ。

クラウドのワーキングはAmazon、シスコシステムズなどがメンバーとなる。VRはユニティ、GREE、ハコスコなど。強力な主体に引っ張ってもらう。

いずれのアプリケーションも学校の枠を超える、壁を壊す点に意味がある。学校の枠を超える、壁を壊す。

♫『ダイナマイトに火をつけろ』（ボ・ガンボス）

これぞ〝超教育〟が目指す方向だ。だがそれは学校という機関を飛ばす分散構造をもたらす。経営や教育構造も変え得る。抵抗もあるだろう。

吉本興業・NTT・クールジャパン機構によるプラットフォーム「ラフアンドピースマザー」は、「ぜんぶCANVASでいく」（吉本興業・大崎会長）。CANVASが培ってきた創造力・表現力学習、遊んで学ぶ、が柔らかい吉本と堅いNTTに認められ、国が100億円出資する、という運びになった。

そしてそれは5G、AR、AIなどのテクノロジーを駆使する〝超教育〟の実践。NTTの澤田純社長「現代の教育はよくできる子には物足りない、遅れる子には冷たい。一人ひとりに対してのパーソナルコンテンツの基盤ができるのではないか」。基盤づくり、実践していきたい。

超教育協会の設立に合わせ、ぼくも個人の構想を立ててみた。

産官学がそれぞれの機能を高めなければＡＩの時代も日本は沈む。しかし日本は大学のプラットフォーム力が弱い。ぼくが身を置いたＭＩＴやスタンフォード大学が果たした機能とは比べるべくもない。強みを集結し、力を発揮する拠点が必要だ。

その受け皿となる技術・文化融合の開発拠点構想を具体化させたい。既存の大学や研究機関の枠を取り払い、教員も研究者も学生も、産業界からの参加者も一体となって、具体的なサービスや商品の実装からビジネスや産業の創成までを手がけていく環境を作ろう。

「デジタル超学校」と名付けてみた。ポイントは10点ある。

1．技術主導の教育と研究と実装

21世紀の松下村塾。先端の教育者、研究者、クリエイター、起業家等のコミュニティ。

2．デジタルに特化した教育・研究

ＡＩ、ＩoＴ、ロボティクス、ＶＲ、ビッグデータ、ブロックチェーンなどの分野に特化。

3．重点領域の実装

医療、福祉、防災など課題先進国の重点テーマを解決する。

4．文理融合

テクノロジー、デザイン、マネジメント、ポリシーの４本を軸にする。

5．バーチャル×リアル

講義は全てオンライン多言語環境で実施。ラボと実フィールドでの実証や事業化を進める。

6．リアルプロジェクト主体

企業等のスポンサーを持つユニット制のプロジェクトで、起業、ビジネス化を目指す。

7．世界最高級の教育レベル

国内の大学、研究機関、海外の大学（スタンフォード、ＭＩＴなど）から参加を求める。

8．学生はハイレベル研究員

学生に研究費を支給する。企業派遣も受け入れる。学位はなく独自の修了証を付与。

9．多様性

海外からの参加は3割以上を確保、母国語でコミュニケーションできる多言語環境を用意。

10．国家戦略特区の活用

デジタル特区「ＣｉＰ」を活用し、研究教育に必要な規制緩和を導入。

一級の教授・リーダー陣と２００人程度の学生で多数のプロジェクトを常時走らせる。この拠点があれば、あれこれ動き出すと思いませんか？　いかがでしょう。

こんな提案も超教育協会に投げかけ、学校の枠を超えた挑戦を促している。

ぼくが行きたい学校を作る

ここで試験問題を出します。

え、聞いてない？　いやだってコレぼくの授業だから。ボーっと生きてるとチコちゃんが叱るぞ。

問題：超ヒマ社会に求められる学校を構想せよ。

ヒントだけ出しておこう。

実はさっき話した「デジタル超学校」を本当に作ることになった。ｉ専門職大学（仮称）、略して「ｉＵ」という。ＩＣＴの大学だ。ＩＣＴをベースにしてイノベーションを起こす人材を、産学連携で育成する。開校は２０２０年、東京。ぼくが学長を務める。慶應は辞める。

ちゃんとした大学なので、デジタル超学校とはちょっと違うが、これをベースに、あちこちと連携して、超学校を作り上げていく。

タテ糸はデジタル。プログラミング、情報処理などICTの基礎、そしてAI、IoT、ビッグデータ、ブロックチェーンなどSociety 5.0の基礎を叩き込む。ヨコ糸はリベラルアーツのプロフェッショナル教育。創造性・デザイン力のあるイノベーターを育てる。マネジメントやポリシーを身につけ、文理融合の即戦力となる。


自分が高校生だったらゼッタイ入りたいと思う学校にする。ぼくは京大を出て、MITやスタンフォードに行って、今慶應にいて、東大の研究員もやってるけど、そんな学校よりも、ぼくが行きたい学校を作る。作ったらぼくも入学する。

活躍する先はICT業界に限らない。コンテンツ、メディア、金融、製造、小売、物流、観光、教育、医療、農業。デジタルは全産業の心臓。血流を担う。

授業の大半はオンライン。風呂場でもトイレでも、どこにいても学べるようにする。世界の著名教授、研究者、専門家のバーチャル出講も揃える。英語による授業を充実させ、英語でビジネスができるようにする。英語〝を〟教えるのではなく、英語〝で〟学ぶ。留学生も多数にする。

全員が企業インターンに行き、プロジェクトベースで育む。多数のインターン先とプロジェクトを用意する。実ビジネスの中で学ぶOJT大学であり、プレ企業大学だ。大学としても学生全員が入社できる「ⅰ株式会社」(ⅰ株)を設立する。学費を自分で稼いでみろ。

さらに、学生時代に〝全員起業〟できる環境を用意する。学生全員が4年の在学中に、一度は起業する、会社作りにチャレンジするチャンスを与える。9割は失敗するだろう。日本は失敗者に厳しい。でも学生の間なら許されるし、人生の経験にもなるだろう?

ムハマド・ユヌス『3つのゼロの世界』は、80%以上のウガンダ人が生涯のどこかの時点でビジネスを始めるという。小さな店を開いたりヤギを買ったりする、そんな仕事。起業とはそういうこと。

♫『ア・リトル・サムシング』(スラップ・ハッピー)

むかしは脱サラで「屋台でも引くか」という生き方があった。ソーシャルビジネス+マイクロファイナンスで起業のハードルを下げ、資本主義とは別の持続的な経済システムを作り得る。

フィンテックやシェアリングエコノミーとも相性がいいはずだ。そんなことに挑戦しよう。

東洋経済が就職に強い大学ランキングを発表した。1位が金沢工大の97・5％。すばらしい。iUはプロフェッショナルを生む大学なので、ここに入ってくる？　いや、入りたくない。就職率は今ある会社に入る割合。起業にみんな成功したら就職率0。それを目指したい。もちろん就職したければできるだけのスキルは身につけてもらおう。


クレージーな大学にしたい。産業界と相談中だ。NTTドコモ、ソフトバンク、KDDI、ドワンゴ、GREE、mixi、セガ、teamLab、カヤック、富士通、パナソニック、シスコシステムズ、SAP、TBS、吉本興業、東北新社、エフエム東京などなど既に100を超える会社から協力するとの申し出がある。

教員の大半は大学人ではなく、ICT業界のプロが務める。NTT、富士通、SAP、Apple、ドワンゴ、DeNA、アクセンチュア、吉本興業……出身企業も多彩だ。客員教授も大勢招く。開校までに100人呼びたい。

吉本興業の大﨑洋会長、i-modeを生んだ夏野剛さん、mixiの創業者・笠原健治さん、

Google村上憲郎《のりお》・元社長、講談社の野間省伸社長、イー・ウーマンの佐々木かをり社長、小説家の冲方丁《うぶかたとう》さん、Twitter Japanの笹本裕《ゆう》社長、アソビシステム・中川悠介社長、少子化ジャーナリスト白河桃子《とうこ》さん、チャド・マレーンさんらが名乗りをあげてくれている。

実を言うと客員教員はもう１００人に達してしまったのです。開校までに２００人に届きそうだ。学生は一学年２００人なので、学生より教授の方が多い大学になる。

新宿で日本電子専門学校を70年近く運営してきた電子学園が母体となる。本校舎は東京都墨田区、スカイツリーの近くに新設する。地域に開かれたオープンなキャンパスを作る。ものづくりに強い墨田区の地域産業とも連携する。同じ敷地内に千葉大学の建築デザインも入るので、連携する。ポップ&テック特区の東京港区竹芝C・iPにサテライトを置く。墨田は成田の玄口、竹芝は羽田の入口で、その日本の国際窓口をこの大学がつなぐ構想だ。

キャンパスを「教育特区」にしたい。竹芝サテライトは既に国家戦略特区に認定されているので、連動して申請したい。電波特区、ドローン特区、ロボット特区。留学生のビザ特区、起業した企業の優遇税制。アイディアはいくらでもある。

ハーバード、スタンフォードなどの大学を蹴って入学してくるパンクな大学「ミネルバ大学」が話題だ。全授業オンライン。テニュア（終身雇用制）なし。企業との協働、インターン重視。iUと類似点が多い。でもぼくらはi株や全員起業など世界にない仕組みでこういう学校と張り合いたい。

MITが2兆円で買収されるというニュースが出回ったことがある。見解は？　チャールズ・ヴェスト学長（当時）は「そんなに安くねえ」という一言のコメントで収めた。そういうこと、言ってみてえっ。

日本にもイケてる学校がたくさんある。高い国際性で知られる大分・別府の立命館アジア太平洋大学（APU）。出口治明学長と連携策を相談している。KADOKAWAのN高、堀江貴文さんらが始めるゼロ高などとがった高校とも連携する。とがった学校のコミュニティを作って、超教育のプラットフォームにしたい。

世界のトップ大学と連携し、単位互換や海外の大学キャンパスの利用パスポート連携を図る。eスポーツ部を作って選手をオリンピックに送りたい。校舎スタジオから世界に番組を発信する放送局を学生に運営させたい。学食は学生と近所のおばちゃんが運営すればよい。レバ刺し特区にしてほしい。いっそ毎日、屋台を出して、フェスを開いてもらいたい。

この大学に関心のある高校生に集まってもらい、何をやりたいか聞いてみた。ドローンレース。iUオリンピック。ロケットを打ち上げる。ブランド品を作って売る。キャラクター「iちゃん」を作って売る。ここだけで食べられるメニューを売る。仮想通貨を作る。……うん、全部やろう。

コスプレもコンピュータオタクもYouTuberもゲーマーもみんな来て。腕に覚えのある。暴れたい。創りたい。安定より変化を求める。手と足を動かしたい。世界に飛び出したい。そんな学生に来てほしい。

教育理念「変化を楽しみ、自ら学び、革新を創造する」。予見できない変化が続くという認識に基づいて、それを愉快に乗り切っていく気構えとスキルを持とう。iUの「i」は、インフォメーションのi。イノベーションのi。インターナショナルのi。ichiyaのi。〝私〟のI。そして愛。iある大学を、作る。

ところで、この本を出版する時点でiUは文科省に設立の認可を申請している段階で、i一文字という前例のない名前は変更になるかもしれません。そもそもこんなパンク大学、認可してくれるのか、という話なわけで。そうなったらどうしよう。ごめんねごめんねー。それも含め、お楽しみに！

ヒントになったかな？

5 超特区戦略

令和の出島をつくる

ポップ・テック特区C・iP

超ヒマ社会向けの都市を作ろう。先端テクノロジーがみな実装されている。エンタメ、ポップカルチャーが満載。超スポーツざんまい。超教育が用意されている。そんなポップ&テックで、超スポで超教育の街。超ヒマ時代のビジネスがギュッと集積しているカルチェ。それをあちこちに作って、連結させたい。それが超ヒマ社会をつくる入口であり、仕上げである。

そのキックスタートがポップ・テック特区「C・i・P」構想だ。東京・港区をデジタル技術とコンテンツの拠点とする計画。ぼくが代表を務めるC・i・P協議会が母体となって推進している。別所哲也さんのJ-WAVEの番組で解説したので、それを元に概要を紹介する。

●C・i・Pとは?

コンテンツ/イノベーション/プログラム。「シップ」と読む。コンテンツやIT産業の集積するデジタル国家戦略特区を作るプロジェクト。ポップ・テック特区ＣｉＰ。浜松町駅から海に向かったベイエリア竹芝20ヘクタールの真ん中に東京都の持つ１・５ヘクタールの土地、産業貿易センターという展示場のあった場所を再開発して、新しい街を作る。２０２０年、東京オリンピック・パラリンピックに合わせて街開きする。

●どんな街になる？

地上地下40階のビルを建設して、そこを中心に、エンタテインメントやＩＴの企業、大学や研究機関を集積。研究・教育とビジネス支援、情報発信の拠点を作る。あれこれ規制緩和を導入し、これまでできなかったことを試す実験場、出島。

●なぜ「竹芝」？

もともと都の持つ場を再開発する構想があり、世界にないポップな文化と技術・テックの融合する街、ポップ＆テックの街を作ろうと。羽田からモノレールでつながる国際的な玄関口で、海もある。でも未開発の場所なので、白いキャンバスに新しい街をデザインする。

●官民一体の計画？

民間プロジェクト。構想を発表したとたん、多くの企業が参加を表明した。母体のＣｉＰ

協議会には、通信、放送、音楽、アニメ、ゲーム、学校、ベンチャー支援など約60の企業・団体が参加している。オリパラが来ることも決定し、この構想に注目も集まった。政府クールジャパン構想でも、軸となる計画として認知されている。既に10件以上の産学官プロジェクトが進んでいる。

お金の後ろ盾も大事。起業を支援するファンドを創設した。ビジネスマッチングの活動も活発にしたい。ブロックチェーンを使った起業特区も考えている。

●「デジタル国家戦略特区」とは？

既に竹芝地区が国家戦略特区に認定されている。今後、具体的な規制緩和を導入したい。アイディアはたくさんある。

電波特区として、ロボット向けに電波を発射する世界初のIoT放送局ができないか。権利者不明の著作物を蓄積してここなら見ていいというアーカイブ特区を作りたい。経産省の支援で、その基盤となる音楽分野のデータベースを構築している。

デジタルサイネージ特区。おもてなし多言語サイネージを整備する総務省の実証実験を竹芝で展開中だ。街開きすれば、屋外広告規制などを緩めて、道路にプロジェクションマッピングする、といったことも実現したい。

そしてガンダムを動かしたい。等身大のガンダムを動かすプロジェクトがC・iPとは別に進行しているが、動くと重機扱いを受けるそうだ。方向指示器を付けるなどの規制を受ける。「右に曲がります」などとガンダムに言わせるのはかわいそう！　彼が自由に動ける特区にしたい。

さらに、レバ刺し特区が欲しい。今一度、わが人生に、レバ刺しを。

国家戦略特区は加計学園問題で評判がイマイチになったが、一つひとつ突破していきたいので、政府にはぜひ忖度をいただきたい。

●育てるのは、〝街〟だけでなく〝人〟も？

教育は重要な柱。慶應義塾大学大学院メディアデザイン研究科（KMD）は一部移転する。スタンフォード大学の研究機関も誘致する。子どものプログラミング教育や創作活動の場を提供するNPO・CANVASにもそこを拠点としてもらう。ぼくが同じく2020年に設立する「iU」（名前変わるかもしれないけどね）もサテライトを置き、産学連携の拠点とする。マンガ・アニメの専門学校にも入居してもらいたい。子どもから大学院まで。そのようにして学校の壁を取っぱらいたい。教育の壁を壊す〝超教育〟の拠点としたい。

スポーツも開発する。2020年にはオリパラと並んで超人スポーツの世界大会を開く計画で、竹芝でも会場を用意したい。eスポーツも会場を造りたい。

●日本のシリコンバレー的な存在を目指す?

起業が盛んなアメリカの聖地には西海岸のシリコンバレー、東海岸ボストン近郊のルート128がある。オープンなシリコンバレーに対し、ルート128は自前主義でクローズド。エンジニアがVCとして投資する前者に対し後者は投資銀行主体。後者は地域活動への関心も低い。CiPは西海岸的なアプローチになる。

ただ、テクノロジーにエンタメも融合させる。シリコンバレーとハリウッドがギュッと詰まったような存在になりたい。さらに食フェスもあってコスプレもいる。緩くて、面白くて、みんなが集う。TOKYOにしかできない街にしたい。研究・教育からビジネスまで一気通貫で行える場だ。

●「竹芝」だと狭くない?

竹芝はきっかけにすぎない。渋谷、池袋、羽田、品川など同様の開発構想が東京にもたくさんある。竹芝・羽田の間にはJR品川駅周辺の大開発が待つ。竹芝の10倍程度の広さがあり、特区で開発した先端を社会実装するにはいい地域になる。さらに北上すれば秋葉原や東大に至る。墨田にはiU（名前変わるかも）もできる。ベイエリア一帯のデジタル・ベルト構想が描ける。

渋谷の再開発も賑やかだ。ソーシャルゲーム、J-POP、ファッションが集結する町。そこでは竹芝と並んで総務省のサイネージ実験も展開されている。東京をタテヨコに結んで、広域デジタル拠点を構成できないかと夢想している。

京都でも構想がある。映画業界や京大、立命館らが人材育成と産業支援の拠点を作るというCiPに似たプランが動き始めた。かつてスタンフォード日本センターが京都に本拠を置いたのは、技術と文化が存在し、大学との連携が盛ん、という特徴を見据えてのことだった。

万博がやってくる大阪でも大型のエンタメ拠点の整備が進んでいる。沖縄も同様だ。福岡は起業特区として先導的な役割を果たしている。そういう拠点との連携を進めて、点を線に、面にしていきたい。ポップ&テック列島を作りたい。

●海外にもこういう街がある？

韓国にモデルがある。人材育成の「コンテンツコリアラボ（CKL）」と、起業支援の「クリエイティブエコノミーリーダー（ＣＥＬ）」。韓国政府が大きな予算を使って運営している。産業界と政府とソウル市が連携して作ったメディア集積地「デジタルメディアシティ（ＤＭＣ）」もある。

ＣｉＰ協議会は韓国政府・コンテンツ振興院と連携するため、先ごろソウルで協定を締結した。政治が揺れる韓国だが、そういう時期だからこそ、文化面・経済面での長期的な連携に道を開いておく。

シンガポールに隣接するマレーシア・ジョホールバルの「イスカンダル」という開発地域では、政府がメディアの教育・研究拠点を整備している。ロンドン大学が中心的な役割を果たしていて、そこともＣｉＰは協定を結び、連携することとした。

何より一番の目標は、スタンフォード大学。大学がシリコンバレーのプラットフォームとして機能している。ＣｉＰもスタンフォードの研究所を誘致して、やり方を学びたい。このようにして、東京、アメリカ、ヨーロッパ、アジアをつなぐハブになれるといい。

ＣｉＰは純民間として走り、その後プロジェクトごとに政府に支援いただいている。が、シリコンバレーやハリウッドの迫力、韓国の気迫には太刀打ちできない。ＭＩＴやスタンフォードやシンガポール国立大学も遠い存在だ。国家戦略として、より大きなデザインを描けないものだろうか。

●CiPのきっかけは？

堀江貴文さんが刑務所に入る直前、「あっちとこっちのギリギリで」というタイトルで特別授業をしてもらった。大学当局が授業として認めないとネジ込んできたので都内に勝手に会場を借りて実施した。その際、堀江さんが「新しい研究所が必要だ」という話をした。研究からビジネス、産業創生に直結する研究機関という構想。ぼくは強く共振した。それが考えるきっかけ。

シャバに出られてから、動き出したCiPの会議にお越しいただいた。ドローンレース企画や規制緩和策などを相談した。ダメ出しされた。会議なんかしてないで「今スグやれ！」。ぜんぶ今スグできる。困難な扉も叩けば開かれる。スピードと強さ。そうですね！　以来、肝に銘じている。

●中村さんが考える未来の「竹芝」とは？

ガンダムが動いている。ロボットが店を経営していて、子どもと学生が遊んでいて、政治サミットとコスプレサミットとｅスポーツ世界大会が開かれている。そしてレバ刺しが食える街。

『ヘヴン』（トーキング・ヘッズ）

初音ミクになりたい

富国強兵に踏み出して以降１００年余、敗戦で強兵の看板を下ろした。産業の発展という富国政策に邁進した。それはアジアの奇跡と称される成功を収め、90年代初頭には、日本の国際競争力は世界一とされていた。

しかし、その10年後には20位に急落、その後15年、トンネルを抜け出していない。富国の看板も色あせた。だが、富国強兵後の日本も面目を保っている。文化大国としての輝きである。日本のポップカルチャーは世界中で高い人気を誇り、デジタルメディアを通じて海外に発信するコンテンツは日本の創造力を証明した。それは伝統文化や古典芸能とも地続きのものであり、戦後70年の平和主義や、3．11の震災時に日本社会が示した礼儀・秩序ともあいまって、トータルとして国際政治論にいう〝ソフトパワー〟を発揮している。

無論、産業界が培ってきた技術力、ものづくり力が失せたわけではなく、それらハード面の力と、コンテンツなどのソフト面の力との総合力が今の日本の資源だ。

それが海外から創造的な国と評価されるゆえんだが、ぼくらは自らの創造性を認識していない。半世紀前の東京五輪で日本は復興と成長の姿を見せた。次に来るオリパラで、東京は、日本は、どのような姿を表すのか。

♫『パブリック・イメージ』（ＰｉＬ）

デジタルは次の姿を示す柱だ。人類に残されたフロンティア領域としては、宇宙・海洋、バイオ、ナノ、そしてバーチャル空間が挙げられる。中でもバーチャルを構成するデジタル分野、すなわちＩＴ＝情報技術とコンテンツ＝表現は、今後も成長・発展余地が大きく、かつ、日本はその技術・表現の面では力を証明済みだ。

ＣｉＰとは、Ｃ：コンテンツ、ｉ：イノベーション、Ｐ：プログラム。コンテンツで社会を革新する。言い換えると、Ｃ：クリエイティブ、ｉ：イノベーティブ、Ｐ：ポップ。内外から資源を集め、集中投下し、新しい産業文化を生産・発信する場となる。

だからといって、目指すはハリウッドやシリコンバレーではない。ハリウッドやシリコンバレーの強みは、超一流のアーティスト、ギーク、そしてビジネスエリートの集積だ。これに対し、日本の強みは、高度な技術力・表現力。正確で勤勉な大勢の職人の存在。さらに、コミケ、ニコ動、カラオケ、コスプレ、ゆるキャラ、B級グルメ、みんなが参加して生産し、消費される猥雑で混沌とした産業文化力だ。これを活かし、増殖炉となる。

マンガ、アニメ、ゲームは世界のポップカルチャーの一翼をなす。だが、2020年代のコンテンツはそれが主役とは限らない。四角いスクリーンを超えたウェアラブル・コンピュータが一般化する。3Dプリンターにより平面ではなく立体がコンテンツになり、映像ではなくモノがコンテンツになる。クルマも家電もロボットも、全てがつながって交信する。全てのモノにコンピュータが埋め込まれ、全てのモノがメディアになる。

5Gでビッグデータが共有され、人を上回る仕事をAIがこなす。買い物はネット、教育は遠隔、医療はテレイグジスタンス。取引はブロックチェーンで個人間で行う。自分の端末がオフの状態でも、情報が目の前を行き交うユビキタス環境となる。それはメディアが細密に埋め込まれたエコで安全な情報都市を設計することでもある。

超ヒマになる。自分の時間とスキルを細分化してシェアエコに渡し、好きな仕事をほんのちょっとやる。自分にカスタマイズした乗り物で動き回る。好きなエンタメと、好きなスポーツと、好きな勉強に時間を使う。家族とゆっくりゆっくりおいしいものをいただく。

ＣｉＰはそのような状況を展望して都市を作らなければならない。ところがそれが難しい。

デジタル、スマートの次に来るＡＩの波は、同じようなひとまとまりの波に見えて、実はこれまで人類が経験していない、波というよりも、月が太陽に交代するような、海が陸地に姿を変えるような、生態系を揺るがす変動だ。

高揚感に包まれるが、見通しは利かない。ネットの出現時は、普及後が見通せた。民主化が進む。世界中の知識を得る。誰もが表現できるようになる。リアルがバーチャルに移行する。アトムはビットになる。同じ未来をイメージできた。それらはだいたい実現した。

次の技術はそれが見えない。ＡＩやＩoＴでどうなる。イメージは不統一。便利になる。楽しくなる。いや仕事が奪われて悲しい。格差が広がる。破壊力が強くて、ガラスにヒビが入り、視界が利かない。ではどうする。とりあえず愉快なみんなを集めて、〝想像と創造〟を繰り返してみる。

街ができても、その後も変わっていく。導入する技術や掲げる目標がどんどん変わっていく。それをあらかじめ覚悟した街づくりにしなければいけない。アジャイル、アジャイル。こわして、つくろう。

秋葉原がモデル。秋葉原はもともとラジオのパーツの街だった。70年代に家電の街に変わった。80年代にパソコンの街に、90年代にオタクの街に性格を変えた。ＣｉＰはオープンしてから70年間続ける約束なのだが、「あそこはオープンしてから70年間ずっと変わり続けているよね」と言われるようになる。70年後にぼくは１３０歳に近づいている。

京都の西陣は５００年の歴史を持つ。先の戦の前から店を出す主人に、５００年続いたのはなぜと聞いたら、「ずっと変わり続けてきたからや」。一言だった。

ＣｉＰの機能は４つ。研究開発、人材育成、起業支援、ハブ。技術を生み出し、人を育てて、それを産業として押し出し、世界にビジネスを広げる。そこから生まれたテーマを研究する。そのサイクルを描きたい。

開発から育成、産業化までを一気通貫で行う。この一気通貫で日本で成功したモデルの存在は知らない。だから挑戦する。デジタル分野で研究開発から大きな産業に育ったものはある。軍事技術の研究から発生したインターネットがネットビジネスを生んだ。70年代にMITが開発したゲーム技術が日本のゲーム産業を生んだ。

アメリカは大学が存在感を発揮している。スタンフォード大学はSUNマイクロシステムズを生み、Yahoo!を生み、Googleを生んだ。ハーバード大学の学生がマイクロソフトとFacebookを生んだ。MITからはeInkや100ドルパソコンが飛び出した。日本も、学に発動させたい。

スタンフォード大学のジョン・ヘネシー学長（当時）を東京でトヨタやホンダに案内した際、妙にソワソワするので、今日なにかあるのかと聞くと、Googleが上場するのだという。そうか、ラリー・ペイジ、セルゲイ・ブリン、エリック・シュミットと並ぶ役員だったのだ、このおっさんは。数百億円が懐に入る日だったのか。スタンフォードは学長がGoogleをそうやって育てて売り出す。日本も学長はそういうことしなきゃな。

例はある。1960年、東海大学の開局したFM局がその後のエフエム東京になった。

２００８年、慶應義塾大学・大阪大学が産学連携で推進した実験プロジェクトがラジコとなった。こういう事案を数多く生み出したい。

研究、教育、ビジネスの一気通貫サイクル。とはいえＣｉＰが目指すのは、秩序だったクリーンな場ではない。イメージを描いてみるならば、デジタルのおもちゃ箱のような「ＭＩＴメディアラボ」と、「ＣＡＮＶＡＳ「ワークショップコレクション」と、西海岸の起業コミュニティ「５００ startups」と、パリのインキュベーション施設「Station F」と、あらゆる分野の連中が交わるカオスな場「ニコニコ超会議」。そうした機能をコンパクトに1カ所に集めて、３６５日動かす。集約と融合による化学反応を期待する。そのような学校、工場、そして広場を作りたい。

ＣｉＰは、これら全てを行うための場だ。1.５ヘクタールの都有地に地上地下40階の業務棟を建設し、ラボや教室、ホール、スタジオといった８０００平方メートルの共同施設を設ける。このうち８００平方メートルはＣｉＰ協議会が利用するコミュニティゾーンにする。イベントスペース「産業貿易センター」も存続する。その上にオフィスが置かれる。

その周辺、竹芝地区はふ頭公園までの20ヘクタールのカルチェで、その一帯を先端テクノロジーが実装された地域としてプロデュースする。２０２０年、東京オリンピック・パラリンピックと同時期となる街開きには、国際的な拠点として注目を集めるプロジェクトを揃えておきたい。

CiPは、初音ミクになりたい。初音ミクは3つの要素から成り立っている。まず、ボーカロイドという技術。作詞作曲すれば専属歌手になってくれるというテクノロジー。第2にコンテンツ。16歳、158センチメートル、42キログラムのキャラクターのデザイン。

そして第3は、コミュニティ。ニコニコ動画にみんなが参加して育てあげた。作詞作曲してみた。歌ってみた。演奏してみた。踊ってみた。みんなが自分の能力を持ち寄り、育てた。技術、デザイン、そして参加型コミュニティの総合力が日本の強み。これを活かしたい。

21世紀の出島

ＣｉＰは10か条のビジョンを掲げる。

1．シリコンバレーとハリウッドの日本版融合
「デジタル×コンテンツのクラスターを形成します」

55年前の東京五輪で、日本は復興と成長の姿を見せた。次に来るオリンピック・パラリンピックで、東京は、日本は、新しい姿を示したい。産業界が培ってきた技術力、ものづくり力というハード面。みんなが培ってきたポップカルチャーなどソフト面。閉塞感を打破したい。

2．コスプレが集いロボットが飛び交う基地
「クールジャパンとＩｏＴの発信拠点となります」

スマートの次の幕が開いた。ウェアラブル、IoT、5G、AI。たいていのモノはスマホでシェアする。教育のかなりの部分がコンテンツ化し、医療の一部分がデジタル化される。2020年代のデバイス、ネットワーク、サービスをプロデュースしたい。

3．新産業創出の永久機関

「技術、デザイン、教育、ビジネスを結合します」

開発から育成、産業化までを一気通貫で行う。研究者、デザイナー、クリエイター、起業家、経営者、オタク。多彩なバックグラウンドを持つ内外の人たちが集う磁場となりたい。

4．国際的大学と未来の幼稚園

「次世代研究と創作系教育の基盤を整えます」

メディア融合、アーティストコモンズ、超人スポーツ、映像アーカイブ、次世代デジタルサイネージ、IoT放送、IT政策。技術開発だけでなく、ビジネスモデル、教育法開発など多様なプランがある。理系の案件に加え、法律、経済、デザインその他広範なジャンルの方々に協力いただく。

国内・海外の有力な大学・研究機関との共同研究を進める。中核として、慶應義塾大学大学院メディアデザイン研究科（KMD）が拠点を置く。スタンフォード大学にも参加してもらう。

iU（名前……くどい）も拠点を置く。

プロのクリエイターやプロデューサーを育成する。文科省「マンガ・アニメ人材養成事業」の受け皿として機能し、さらに音楽、ゲームその他のコンテンツ領域にも広げていく。

高等教育だけではない。CANVASによる子どものデジタル力を高める活動や、超教育協会が手がける「未来の教室」などと連動して、初等教育から超スマート人材を育成していく。

5．クリエイターと起業家の同棲

「起業支援とビジネスマッチングに注力します」

業界横断のコミュニティ。情報交換や連携活動を通じたビジネスの生成がアウトプット。まずはそのコミュニティ機能を活発にする。

その上で、起業支援プログラムを形成する。資金の出し手と起業家とのマッチングを行う。

まずはＣ・ｉＰファンドを用意し、起業支援を行う。政府系のクールジャパン機構とも連携する。「START ME UP AWARDS」等の活動と結びつき、コンテンツやＩＴ分野の投資環境を整える。ビジネス交流でも、サロンやイベント、分科会などでの仲介・あっせんだけでなく、共同事業も創出する。日本動画協会が中心となったアニメ業界と他の業界とのマッチング「アニメビジネス・パートナーズフォーラム」とも連動する。「クールジャパン官民連携プラットフォーム」の一翼も担いたい。

6. 21世紀の出島

「国家戦略特区として禁じられた遊びを奏でます」

竹芝地区は既に内閣総理大臣から国家戦略特区の認定を受けている。その具体的な構想を描き、具現化する。これまで禁じられていた仕事を先導的に組み込んでいきたい。

電波特区として、通信・放送融合実験ができないか。著作権特区として、この場であれば蓄積・公開できるアーカイブやマーケットができないか。サイネージ特区として、屋外表示規制を解除し、区域一面を占める映像表現ができないか。ドローン特区での大規模レース、ロボット特区での自動運行、超人スポーツ特区でのサイボーグ対戦。全て実施したい。

学校じゃ禁止されるデバイスを使ったウルトラ英才クラスが開かれる。給食当番や掃除当番は自律ロボットが担当する。免許がないけどエアカーに乗っていい。海面を巨大なスクリーンにした映画祭が開かれる。等身大のガンダムが水上を飛んでいる。

投資を促す税制措置､優秀な人材を世界から惹きつけるビザの特例もあろう。レバ刺し特区、ユッケ特区、カジノ特区はどうか。サンフランシスコのゲイ・パレードのようなハレ空間特区もアリかも。ビルの一角を某国に借り上げてもらい治外法権とする、なんてのはどうだろう。

7．毎日がワークショップコレクション

「創作フェア、ハッカソン、マーケットの常設会場です」

ＭＩＴメディアラボのような梁山泊､ワークショップコレクションのような創作活動の集積、ニコニコ超会議やコミケのような異種格闘技リング、それらが一体となって、毎日、市が開かれている。

そんなところ。

血と肉と、音楽と、もうもうとしたテンションが凝縮したカルチェ。

♫『All Day And All Of The Night』（ザ・キンクス）

ソウル・コンテンツコリアラボ（CKL）のような研究教育拠点がある。フランクフルト・欧州中央銀行（ECB）のようにカネを握っている。カサブランカのマルシェのように混沌で、バルセロナの海辺のように水しぶきが上がって、ブエノスアイレスのカミニートのように音楽とダンスが常にある。

そんなところ。

ミラノのモンテナポレオーネのようにシュッとした男女が闊歩して、シンガポールのように政府が本気で、パリのラ・ヴィレットのように子どもたちが駆け回り、京都の先斗町のように絶品のメシと酒があって、『ベイマックス』サンフランソウキョウのように西海岸と東京が混ざったようなクリエイティビティにあふれる区域。

そんなところ。

8．産学官のプラットフォーム

「政府・自治体との連携を進めます」

Ｃ｜ｉ｜Ｐは民間の産学連携プロジェクト。でも政官と強く結びつく点が一つの特徴だ。内閣官房がとりまとめた「クールジャパン戦略官民協働イニシアティブ」でもＣ｜ｉ｜Ｐ構想はコンテンツ分野を担うプロジェクトとして明記されている。

総務省が計画するデジタルサイネージなどのＩＣＴ整備に関しても竹芝・Ｃ｜ｉ｜Ｐが先行区域として認識されている。経産省とはコンテンツ産業の基盤整備策を練っている。国の関連研究所にも竹芝に来てもらいたい。

9．東西クールの交差点

「国内・海外の主要都市とのハブになります」

東京の各地域をつなぐハブになりたい。羽田、品川、台場、東京湾をまたがって再開発が待つ。渋谷、秋葉原、新宿、赤坂、六本木。音楽、ファッション、アニメ、ゲーム、広告、テレビ。集積がある。みなデジタルがポイントだ。それらをみなつなぎたい。

全国のハブになりたい。コンテンツ特区の札幌、映画・マンガ・アニメ・ゲームが集積する京都、万博を迎える大阪、音楽とゲームに強い福岡、国際映画祭を擁する沖縄、その他いろんな町を連結したい。

世界の有力都市を結びたい。ボストンや西海岸の大学。ロンドンの研究所やパリの起業施設。シンガポールのプロジェクト、ソウルのインキュベーション施設。全てを連結したい。

10．海と空の窓口

「東京湾・島しょと羽田空港、その立地を活かします」

目の前は東京湾が広がる。伊豆諸島や小笠原諸島と行き来するふ頭、そのデッキからはレインボーブリッジの夜景を望む。東京は、海を持つ首都。G7も、インドも、ロシアも、中国も首都に海はない。東京は、港と、水辺と、海面とを活かす。

そして空。機能を増強する羽田空港から、海外のお客さまが浜松町駅に降り立つ。おもてなししよう。

東京タワーから反対側、海の方向に伸びる歩行者デッキは、いつも屋台で賑わっていたい。そこにCiPの再開発ビルが建つ。業務棟には、ラボや教室、ホール、スタジオといった8000平方メートルの共同施設を設ける。イベントスペース「産業貿易センター」も存続する。先端技術をみな実装する街としてオープンする。

世界中のオタク研究者の総本山

既に走っているプロジェクトを紹介しよう。1．研究開発、2．人材育成、3．起業支援、4．ハブの4本柱だ。

♫『四つのお願い』（ちあきなおみ）

1．研究開発

・アーティストコモンズ

政府・クールジャパン会議では、音楽業界を軸に「個別アーティストにＩＤ番号を付与し管理する〝アーティストコモンズ〟や、過去の作品を蓄積し利用しやすいようにする〝作品アーカイブ〟の機能を有する拠点を、竹芝地区の国家戦略特区も活用しつつ整備する」とされた。

そこで、アーティストIDの発番と基本情報（プロフィール、写真、ライブ、音源情報のリンク）の整備を行うこととなった。アーティスト、関係業界、内外のユーザーをつなくハブとして機能し、映像・音源のアーカイブの基盤を提供する。経産省事業として実施している。以下の音楽業界オールキャストでお届けする。プロならコレはスゴいと思うはず。

日本音楽事業者協会（JAME）、日本音楽出版社協会（MPA）、日本芸能実演家団体協議会（芸団協・CPRA）、コンサートプロモーターズ協会（ACPC）、日本音楽制作者連盟（FMPJ）、慶應義塾大学大学院メディアデザイン研究科（KMD）、関西大学社会学部メディア専攻、オブザーバー：日本レコード協会（RIAJ）、日本動画協会（AJA）、著作権情報集中処理機構（CDC）

・次世代デジタルサイネージ＋パブリックビューイング

TOKYO2020を念頭に、多言語で4K・8K超高精細のデジタルサイネージを整備することが国の課題とされている。併せて、4K・8Kのパブリックビューイング環境を整備することも戦略課題だ。その研究・開発を政府及びデジタルサイネージコンソーシアム＋映像配信高度化機構と連携して行う。総務省事業として実施している。

・メディア融合

放送の電波に通信プロトコルＩＰを乗せ通信・放送融合サービスを開発するＩＰＤＣフォーラムと連携し、実証を進める。ＴＦＭグループがサービスを提供しているＶ－Ｌｏｗ周波数帯のマルチメディア放送を活用することも選択肢。電波特区などを活用し、ロボット向け放送やセンサー向け放送などＩｏＴ放送を試行するアイディアもある。

電波関連では、技適マーク（技術基準適合証明と技術基準適合認定の表示）のない機器を使える「技適特区」を設け、開発中のいろんなデバイスを使い放題にするニーズがあり、その実現も図る。

・超人スポーツ、ｅスポーツ

超人スポーツ協会と連携し、２０２０年の超人五種競技の国際大会の誘致、常設会場の設置などを進める。内閣官房事業、スポーツ庁事業。ｅスポーツの大会誘致、練習場の設置などにも力を入れる。両スポーツに関わる研究開発も進め、関連する規制緩和策も検討する。

2．人材育成

・次世代コンテンツ人材育成

文科省事業の一環として、アニメ・マンガ人材や、ゲーム・CG人材の育成活動を行う。将来この成果を活かし竹芝地区に教育機関を置くことも目指す。

・東京コンテンツプロデューサーズ・ラボ

コンテンツのプロデューサーを育成する活動。ビジネスに必要な知識を学ぶだけでなく、ビジネスプラン作成といった実践的な内容も織り込み、起業支援にも結びつく活動にしていく。

3．起業支援

・LIVE MUSIC HACKASONG
〝ライブ体験の拡張〟をテーマに、ポップ&テックのサービスと人材を発掘するハッカソン。ビルボードとの共催。NTT、レコチョク、LINE、Napster、博報堂、電通などから技術を提供いただき、東大、早稲田、慶應、お茶の水女子などの学生や社会人がチームを組んで、3カ月かけてサービスを開発する。ダイノジ大地、FUJIWARAらが司会を務めてくれている。ぼくが審査員長。

・START ME UP AWARDS
エンタテインメント業界横断型の起業支援コンペ。2014年に発足し、CiPが協力している。プログラムを通して、後援ベンチャーキャピタル各社、パートナー企業、協賛企業から投資・提携のチャンスを得ることができる。

4．ハブ

・アニメビジネス・パートナーズフォーラム

アニメ業界を中心としたビジネスマッチングの場である「アニメビジネス・パートナーズフォーラム」（主催：日本動画協会）と連携する。アニメ以外の業界とも連携した形に広げ、ビジネスマッチングの範囲の拡大と、場としての魅力の向上を行う。

・戦略提携

韓国政府・コンテンツ振興院と協定を締結し、人材育成・起業支援等で連携していくこととした。マレーシア政府・イマジニアリング研究所とも同様に協定を結んだ。京都府とも連携策を協議するなど、各種マッチングが進むよう対外戦略を重ねている。

以上、２０１５～17年にわたるＣ･ｉＰ協議会のプロジェクトは〝ホップ〟と位置づける。２０１８～19年を〝ステップ〟とし、２０２０年からの〝ジャンプ〟に備えることとする。このためＣ･ｉＰは「マニフェスト」を発出、４本柱を以下のように整理して、さらなる重点４項目を掲げた。

1．研究開発：YouGoEx

研究開発を集大成し、実装して展示する。J-POP、アニメ、eスポーツ、お笑い、キッズ、食などのポップと5Gや、IoT、AIなどのテックとを横断するポップ&テックのイベント「YouGoEx」を開催する（これは後で改めて述べる）。

2．人材育成：超教育

超教育協会と連携し、幼児から社会人までの教育テストベッドを作る。

教育機関としてはまず、ぼくが所属する慶應義塾大学大学院メディアデザイン研究科（KMD）の機能を一部移す。KMDはメディアデザインの教育・研究のために2008年にできた大学院で、産学連携の〝リアル〟プロジェクトでサービスやビジネスを作り出す研究スタイルをとっている。KMDは英RCAや米Prattなど海外のアートスクールやシンガポール国立大学などと連携している。

スタンフォード大学アジア太平洋研究センター（APARC）の機能も誘致する。日本人で最もノーベル経済学賞に近づいた青木昌彦先生や、経営学の泰斗、今井賢一先生らが京都に設立されたスタンフォード日本センターでかつてぼくは所長を務めた。APARCはその親元。改めてシリコンバレーモデルを持ち込みたい。

iUもサテライトを置く。CANVASのワークショップも常時開催してもらいたい。慶應のぼくの授業では、モノやコトを作り上げてきた一級の方々が講師を務めてくれている。浦沢直樹さん、プレイステーション開発の久夛良木《くたらぎ》健《けん》さん、DeNA南場智子さん、mixi笠原健治さん、GREE田中良和さん、teamLab猪子寿之さん、Google村上憲郎さん、KDDI髙橋誠さん、ホリプロ・堀義貴さん、講談社・野間省伸さん、ガンホー・孫泰蔵《そんたいぞう》さん、スペースシャワー・中井猛さん、NTV・土屋敏男さんなどなど。CiPにもそんなみなさんにお集まりいただいて、学校の枠を取り払って、超一流のコミュニティができるといいなぁ。

マンガ家・ほしよりこ先生は、かつてスタンフォード日本センターで事務方の同僚だった。日々、描くらくがきの画力と、やりとりするメールの文体に圧倒され、マンガ家の道を勧めたところ、デビュー作『きょうの猫村さん』で超ブレイクした。手塚治虫文化賞を受賞した『逢沢りく』は、プロットもネームもなく、えんぴつ1本でいきなり描き始めた。するとキャラが勝手に動き始め、しゃーないな、休むことなく描き続け、そのえんぴつが短くなって、描けなくなる時にエンディングを迎えた、んだって！　こういうのを天才という。天才、だいすき。そういう天才が生まれていくといいなぁ。

3．起業支援：ＣｉＰファンド

２０１８年3月、ＣｉＰファンドが創設された。「人材育成」及び「起業支援」により「デジタル×コンテンツ産業集積地の実現」を図ることを目的としている。ＣｉＰ協議会の知見とネットワークが活かせる投資アングルが存在することを重視しており、既に何件かの投資実績を重ねている。ぼくとともにアドバイザリーコミッティに名を連ねる加藤有治さんは政府系のクールジャパン機構のＣＯＯを務めており、機構との連携も図りたい。

4．ハブ：世界オタク研究所

世界中のオタク研究者の総本山を作る。毎年、世界中で１０００を超える数のオタク文化をテーマにしたイベントが開催され、そのイベントへの参加者数の合計は２０００万人を超える。

それらを主導しているのは、ＭＩＴやスタンフォード、北京大学など一級の大学のオタク連中。そのコミュニティの総本山を竹芝に作る。経産省がサポートしてくれている。

きっかけは櫻井孝昌さんの構想だ。ポップカルチャーの普及活動で外交官数十人分に匹敵する役割を果たしてきた櫻井さんが２０１５年12月４日、事故で亡くなった。その前日、ぼくたちは国際オタクコミュニティを育てて国際連携を強化するプランで合意し、握手した。その思いを継ぐものだ。

櫻井さんが事務局長を務め、佐藤一毅《かずたか》さんが代表を務める「国際オタクイベント協会（ＩＯＥＡ）」と連携する。ＩＯＥＡには２０１８年末で46の国と地域、１２１イベントが加盟している。ＣｉＰと連携することで、海外の大学や研究者とのルートも広がる。

世界オタク研究所は世界中の研究者の砂場になりたい。世界の研究者のハブ。自由に遊んで、勝手に山を作って、掘り下げられる。同時に研究資金やビジネスのおカネが回る工夫もしたい。５大陸のさまざまな研究者やファンが喜ぶ研究機関に育てていければよい。

東京を想うと、こうなる

今イタリアのかかとでこれを書いている。アッピア街道の終点を示す古代ローマ円柱の眼前にはアドリア海が紺に広がる。森鷗外『舞姫』はここから船に乗って始まる。対岸はアルバニア、少し下ればギリシャ、イオニア海に出る。地中海を抜けて紅海、アラビア海、はるかインド洋、フィリピン海、東シナ海。その先にようやく東京が見えてくる。

東京のことを想う。

『69、エロティックな年』。セルジュ・ゲンズブールがジェーン・バーキンとこの曲を歌って半世紀。前年の1968年、パリは五月革命に燃えていた。プラハの春、中国文化大革命、ベトナム戦争泥沼化。世界も燃えていた。

1969年、日本もプチ炎上した。東大の安田講堂攻防戦だ。入試が中止となった。だが5年前の東京五輪から後も高度成長は続いていて、翌年の大阪万博に向け槌音が響いていた。『サザエさん』のアニメが始まった。平和だった。

当時の人気番組に『東京ぼん太ショー』がある。全国から東京に集まる田舎者を代表する東京ぼん太は唐草模様の背広を着ていた。その衣装はバカボンが着物として受け継ぐ。東京は世界の辺境で、巨大な田舎だった。

五輪のころの東京をルポした開高健《かいこうたけし》『ずばり東京』。駅、刑務所、トルコ風呂、祭り、飯場、戦後がまだ残り、急激に膨張し、日常が騒がしくヒリついていた雑踏で、大量の田舎者が息荒くあえぎながら、濁った眼で明日を見ていた。


東京はたくさんの歌をもつ。1936年、『東京ラプソディー』。1946年、『東京の花売娘』。1957年、『東京だョおっ母さん』。1961年、『東京ドドンパ娘』。1965年、『東京流れ者』。東洋の場末に咲いた楽園に、全国から娘もお母さんも不死鳥の哲も夢を描いて流れてくる。流れ者の街。「流れ流れて東京は。夜の新宿花園で」。藤圭子はキッと目を据え「命預けます」とうなった。

東京が東京に決別し、TOKIOに生まれ変わるには、80年代を待つ必要があった。速水健朗『東京β』は、１９８０年の沢田研二『ＴＯＫＩＯ』が「西洋の視点、つまり異文化として見た東洋世界を自らが演じるといった屈折したオリエンタリズムとでもいうべき東京＝ＴＯＫＩＯの再解釈」だとする。スーパーシティが舞い上がる。同じころＹＭＯも『テクノポリス』でＴＯＫＩＯ、ＴＯＫＩＯと世界につぶやいた。

東京ではなくＴＯＫＩＯと記すことで、西洋から見た日本という読み替えを行う必要があった。西洋に追いついた日本を自己規定する行為がＴＯＫＩＯだ。速水さんはそう言う。

岡崎京子『東京ガールズブラボー』。80年代前半、北海道から上京した主人公のセリフ「ふしぎふしぎ東京タワーって　みてるだけで元気になっちゃう」。

♫『東京の女』（ザ・ピーナッツ、椎名林檎）

それからバブルに至り、弾けて、落ち着く。クールジャパンが海外からやってくるのは20年後のことである。その後、東京は最も創造的と海外から見られるようになった。

なにしろ、海がある。海を持つ首都だ。ワシントンＤ.Ｃ.、ロンドン、パリ、ベルリン、ローマ、オタワ。他のG７は首都に海はない。防衛上、当然であろう。北京にもモスクワにもない。常任理事国の常識であろう。ニューデリー、マドリード、ブラジリアにもない。大国はみなそうだ。なのに東京は海を持つ。海を持って輝く首都はシンガポールと北欧などわずかだ。

日本は海洋国家だった。陸路より海路を活かすため、江戸を首都にした。水に集い、水が中心だった。物流や漁業の仕事の拠点だった。そこに商売があり、賑わいがあり、文化があり、生活がある都市だった。

ところがどうだ。今、東京は海を活かしていない。埋め立てて埋め立てて、亡き者にしてきた。川もそうだ。蓋をして、首都高を通して、亡き者にしてきた。江戸の水運インフラ・日本橋川の上に、五輪を目指す昭和の陸路インフラ・首都高をかけた。平成が済んで次の五輪を経て、首都高を埋めてまた川を開けようという議論となっている。

東京湾の、埠頭がある竹芝はどうする。東京の陸から見れば、西から東に行き着いた場末だが、海から見れば入口。外への玄関だ。羽田から品川を通り、竹芝から湾をまたいで晴海、豊洲、台場という輪をなす。このあたり、オリパラで賑わうが、その後に何をどう残す。海ならではの賑わいがあろう。湾の上をドローンもエアカーも飛び交おう。今は倉庫ばかりが目立つホワイトスペース。だからこそ絵が描けるはずだ。

世界には、海の都市がある。東京のことを想いながら、あちこち巡ってみた。首都なら北欧、コペンハーゲン、ストックホルム、オスロ、ヘルシンキ、タリン。いずれも海。でも寒すぎる。ギリシャ・アテネ、スリランカ・コロンボ。いい。でも暑すぎる。アイルランド・ダブリン、マルタ・ヴァレッタ、アルゼンチン・ブエノスアイレスの海辺が印象深い。重要なモデルはシンガポール。海を活かし、賑わいを作る。

フランス地中海、マルセイユ、ニース、モナコ。物流、漁業、観光が海を頼る。フランス北部はノルマンディのオンフルール、ル・アーブル、ドーヴィルの港がいい。イギリスはリバプール。海沿いの再開発に目を見張る。

スペインは地中海バルセロナと北部バスクのビルバオが海のコンパクトシティ。イタリアはジェノバもナポリも港町だが海辺に集うイメージは薄い。むしろアマルフィやポジターノ、あるいはカプリ島の海を資源とした観光スポットが参考になる。

海は絵になる。ル・アーブルでクロード・モネは日の出を描き、印象派という名を残した。そこで生まれたラウル・デュフィは南下し、鮮やかにニースを彩った。その近くの海岸で、ジャン＝リュック・ゴダール『気狂いピエロ』、顔にペンキを塗ったフェルディナンが爆死する。最後に、アルチュール・ランボーの詩、太陽に溶け込む地中海が広がった。

気狂いピエロの海は、溝口健二『山椒大夫』、厨子王が盲人となった母と再会するラストシーンへのオマージュだ。佐渡の達者が舞台である。世界の映画史に輝く、そのラストシーンは宮川一夫キャメラの芸術。２０１８年、京都国際映画祭で宮川一夫特集を組み、映像の系譜を世界に問うた。

フェデリコ・フェリーニ『甘い生活』のラスト、疲れたマルチェロが砂浜で見るのは、醜い怪魚の死骸。マルチェロは対岸で叫ぶ美少女に「チャオ」と背を向ける。『８ １／２』、同じ海岸で、同じくマストロヤンニ扮するグイドは、ルンバを踊る怪女サラギーナに「チャオ」と別れを告げられる。美しい。このローマ郊外、オスティア海岸は『ソドムの市』撮影後にピエル・パオロ・パゾリーニが殺されたことでも知られる。

つげ義春『やなぎ屋主人』は、新宿から房総行きの列車に飛び乗って降りたＮ浦の砂浜で、網走番外地を口ずさみながら、猫の足の裏をまぶたに当てると冷たくて「いい気持ちだ」。東京湾とオスティア海岸に通じる、海のわびしさ。

海底に潜んでいた『ゴジラ』は東京に上陸してくる。『崖の上のポニョ』は広島・福山市の鞆の浦からやってくる。海は異界である。だが川島雄三『幕末太陽傳』は、居残り佐平次のフランキー堺が「地獄も極楽もあるもんけえ。俺はまだまだ生きるんでえ」と捨て台詞を吐き、品川の海沿いの道を走って逃げていくラスト。海は地獄であり、海は極楽であり、海は生であり、海は未来だ。

すまない。大事な紙面を関係ないことで埋めてしまった。東京を想うと、こうなる。東京は広く、面白い。変化し続けている。世界とつながっているようで、孤高だ。まだまだ手つかずの鉱脈であり、料理人が腕を振るえる食材である。東京をもっと面白くして、つなげる。CiPはその役に立ちたい。

クールの本場だよ、ギュギュッ

ここで試験問題を出します。

え、聞いてない？　いやだってコレぼくの授業だから。ボーっと生きてるとチコちゃんが叱るぞ。

問題：超ヒマ社会を実現する街をつくれ。

ヒントだけ出しておこう。

ここまで長々と話してきた。要するに超ヒマ社会が来るということだ。20年のデジタル、10年のスマートを経て、ＡＩ・ロボットの大波が来る。テックがぼくらを次のステージに連れて行く。それが超ヒマ社会だ。怒涛のエンタメによる超ポップ社会となる。汗まみれの超スポーツ社会となる。面白ガリ勉の超教育社会となる。

だがバラバラに進めると時間がかかる。そういうの丸ごとできるように、実際に生きる場、街を作らなきゃ。アクション！　ＣｉＰはそのモデルになる。超テックを〝実装〟する。テック実装の街で働いて、暮らして、楽しめる。超ポップで超スポーツで超教育。丸ごと。

２０３０年の都市はどうなる。昭和40年代の少年雑誌には21世紀の都市が毎週のように空想されていた。とはいえイメージはいつも同じで、腕時計テレビ電話、ロボット執事、エアカー。ウルトラセブン、地球防衛軍極東基地特殊部隊ウルトラ警備隊のアンヌ隊員がダンを呼んだ腕時計テレビ電話は２００８年にＬＧ電子が発売した。だがエアカーはまだドバイや広州で実験が行われている段階。２０３０年には飛び交ってるかな。

２０１８年夏、総務省は先端技術がもたらす２０３０年代の社会イメージとしてテック戦略「CHANGE to CHANGE by TECH」を発表した。

「職場スイッチ」、複数の仕事に就き、時間の切り売りで個人の能力を最大限発揮。家でもカフェでも、スイッチ１つで切り替わるバーチャル個室で効率サポート。

「パノラマ教室」、壁や天井、机がディスプレイになり、プログラミングで作成したアプリのデモも表示。ＶＲではいろいろな地域・時代の体験学習が可能に。

「健康100年ボディ」、ハイキングに集まったのは約80～100歳。みな元気一杯だが、身体の一部に補助アームやARグラスなどを装備。

「お節介ロボット」、目覚め・歯磨き・着替え・朝食などの忙しい朝支度をスムーズに準備させてくれるお節介な手伝いロボット。

「クルマヒコーキ」、自動運転の空陸両用タクシーが近中距離の輸送手段に成長。過疎地や高齢者・障害者の足となり、事故や渋滞も大幅解消。

「えらべる配達」、ドローンが空から、ライドシェアの車が玄関に、スーパーが丸ごと近所に。色々な無人配達をネットで選べて、買い物難民も解消。

うん。イメージ、合ってる。昔の少年雑誌が描いた未来がだいたい実現する。で、空想は十分。どう実装するかだ。


そこでCiP協議会は勝手に「シティ&テック」プロジェクトを立ち上げた。Society 5.0を形作る一連の技術を実装する街を目指し「CT委（City&Tech委員会）」をスタートさせ、具体化を進めることにした。2030年テック戦略を先取りし、2020年に実現する見取り図を描く。

ＣＴ委には通信キャリア、通信メーカー、自動車メーカー、ソフトウェア、不動産、建設、慶應義塾大学、東京大学、理研、情報通信研究機構、映像配信高度化機構、ＩＰＤＣフォーラムなどが参画している。総務省や東京都も呼んでいる。委員長は石戸奈々子さん。

ロボットはロボットで。ＡＩはＡＩで。５Ｇは５Ｇで。自動走行は自動走行で。日本のあちこちで実験が行われている。部分的に実用化したり、サービスインしたりもしている。だが細切れのバラバラだ。技術は全部丸ごとあって初めて次の時代を実感する。丸ごとあれば相乗効果が生まれる。

今のところ、５Ｇ、ＩoＴ、テレイグジスタンス、４Ｋ・８Ｋなどの要素技術を検証しながら、都市空間への展開策を検討し、下記が具体化できる項目として挙がっている。この詳細を詰めるとともに、さらに項目を広げる。
1．スマートモビリティ（自動運転）
2．ワイヤレス給電
3．ロボット活用

4．超大型パブリックビューイング
5．デジタルサイネージ（防災）
6．ドローン輸送（海の手線）
7．街じゅうデジタルアート
8．データ流通プラットフォーム

自動運転はもう当たり前。自分で作るスマートな乗り物で動く。動きながらワイヤレス給電。数え切れないロボットが働いている。コンビニの店員、コック、警備員もロボット。浜松町から伸びるデッキでもたくさんのロボットがおもてなし。オフィスもテレイグジスタンスで勤務する。竹芝から離島の病院にテレイグジスタンスで診療する。

屋内・屋外の超大型8Kディスプレイではオリンピックや音楽ライブのビューイング。あちこちに張り巡らす多言語防災サイネージはインバウンドさんを案内する。羽田と竹芝を結ぶ海の上をドローンが荷物を運ぶ。街じゅうのセンサーが上げるデータは共有され街じゅうで使われる。

ブロックチェーンでごく短時間で起業ができる。権利者不明のコンテンツが蓄積されていてここでなら見ていいアーカイブがある。AI＋ロボットによる創作ワークショップが開かれている。

街開きの当初にはそれぐらいの実装を済ませておきたい。

内閣府は「スーパーシティ」構想を公表、都市インフラからサービスを伴う情報インフラまで、統合的に実装する都市モデルを開発することとしている。CT委の構想はスーパーシティの先駆けになる。

♫『芽ばえ』（麻丘めぐみ）

竹芝にはオフィスがあり、住宅がある。商店が入り、イベント会場がある。学校がある。広場があり、道路があり、海があって、空がある。きみたちがいて、ぼくがいる（チャーリー浜）。そこを超テックの集積・実装地帯にする。それは他地域の応用モデルになるはずだ。

TOKYO2020は5G、4K・8K、ロボット、ドローン、IoT、VR・AR、AI、ビッ

グデータ、ブロックチェーンを世界に塊として示すチャンス。分散ではなく集積で示す。そのモデルを作る。そして、そのモデルを2025大阪万博に熟成させていく。

この挑戦と合わせて、そのショウケースとしてのイベントを実施する。ポップ&テックで、超スポーツも超教育も含む、〝ぜんぶ〟の催しだ。

2018年8月、その第1弾として、「YouGoEx」と名付けたポップ&テック融合のイベントを竹芝で開催した。音楽、アニメ、オタク、eスポーツ、超スポ、キッズ、ビジネス、そしてテクノロジー。8部門。ポップとテック、ごちゃまぜの化学反応で東京の潜在力を示そうとした。

オープニング、チコちゃんの中の人、木村祐一さんの司会に加え、チョコレートプラネットら吉本芸人がたくさん応援にかけつけた。京都・祇園甲部の芸者さん舞妓さんも華を添えてくれた。政治家も経営者もアーティストもみんな来た。何じゃコレ感がくっきりでC.iPっぽい。

これを発展させる。C.iPは2020年の街開き後、世界一のポップ&テックを開催すべく取り組む。東京が持つポップ力とテック力を集結すれば、海外の有力イベントをぜんぶ超えるエッジなイベントができるんじゃないか。

やみくもではない。ぼくらチームは既にポップ&テックのイベントを分散して開いている。10万人が集う各地のワークショップコレクション、14万人が集まる幕張のデジタルサイネージジャパン（DSJ）、より大規模な沖縄国際映画祭に京都国際映画祭。東京にギュッと集めたら面白い。

テキサス・オースティンの「サウス・バイ・サウスウエスト（SXSW）」より熱気はワークショップコレクションが勝る。メシは東京が断然うまい。オーストリア・リンツ「アルスエレクトロニカ」よりワクワク度は日本の文化庁メディア芸術祭が勝る。アルス参加者は日本人が多い。なら東京でいい。

日本はギュッと手のひらにポップ&テック展を握っている。東京おもちゃショー、2018年の来場者16万人。ものづくり&クリエイティビティ、遊び&教育。愛情あふれる至高のイベントだ。東京ゲームショウ、2018年は30万人。半数が海外からという国際展示。

そして一番はニコニコ超会議。16万人。超歌舞伎。超政治。超コスプレ。超ボカロ。超音楽。超アニメ。超囲碁。超神社。カドカワ・ドワンゴの川上量生《のぶお》さんは「ネット民とリアル民の闘いの場」と言う。壮大で公益的な挑戦だ。尊敬する。

C・i・Pがやりたいこと。ニコ超的なものを、一過性イベントではなく、アルス的に街ぐるみで日々クリエイトする工場と増殖炉にして、そのショウケースを作ること。DSJ、映画祭よりも横断型・参加型のごった煮。ジャパンエキスポやアニメエキスポよりテック寄り。SXSWやアルスよりTOKYO的に賑やかで面白い。ニコ超よりもリアル集積都市の意味を発揮する。ここがクールの本場だよ、ギュギュッというもの。野望です。


さてさて、諸君。そうこう話すうち、2019年1月末、発表がありました。

C・i・P特区のビルに、ソフトバンク社が入居することが決定したのです。40階のうち下層フロアにC・i・P協議会が入って産学連携を進めるのだが、その上30階ばかりを汐留から移るソフトバンクグループ本社が占拠する。

たぶん最上階は10兆円持って孫さんが座る。のでしょう。街のテック実装にも力を入れてくれるといい。そしたら、ホークスを応援する。

C・i・Pはあくまでも超ヨコ連携のプラットフォームとして走り続けるが、階上から孫さんが

「誤差の範囲」とおっしゃる1兆円ばかり落っこちてこないかと、日々見上げて暮らそうか。

では、始めよう。超ヒマ社会、ヨーイ、スタート！

ヒントになったかな？

おわりに

♫『愛のさざなみ』（島倉千代子）

あーヒマだ。

で、この本を書いた。10日で。1日1万字。一気に書いた。本は5年ぶりかな？　溜まっていたのでしょう。だって。令和は来たし。ＡＩは来るし。オリパラも万博も来るし。トランプさん習さん文さんメイさんマクロンさんメルケルさんみなさんワチャワチャしてるし。ぼくは自分がワチャワチャと転換期だし。ここいらで今の断面図をお見せしておくかと。ひと区切りということで。

とはいえ、新大学の設立はデカいベンチャーの立ち上げだ。やみくもな挑戦。リスクだらけです！　ぼくがなぜ自分で作るのか。今のポジションを捨ててまで。特区作りだってリスクだし。

〈失敗したっていいよ。〉だよね。ぼくらまだ始まったばかりだもんね。令和は来たし、ＡＩは来るし、オリパラも万博も来るし、トランプさんみなさんワチャワチャしているし。

〈走れ、走れ。〉そうする。ひと区切りつけて立ち上げる。なぜか？　だってそれは。

〈だってだってなんだもん。〉ぼくは学者や先生などと呼ばれるけど、そうじゃないんだもん。学問や教育に精を出さないから。ぼくをそう呼ぶのはキミキミ詐欺なんだよ。自分では〝政策屋〟を名乗っております。それとて造語であり、世間にある呼称としては「社会起業家」が最も近い。40歳手前で役所から大学に転じて20年、公益法人やプロジェクトなど社会起業を20件以上続けてきたんで。

ちなみによく「起業家」「社会起業家」と呼ばれる人がいるけど、たいていウソ。でしょ？

〈正解の正解がわからない。〉いや、家ってつくのはそればかりやってる人じゃないの。マンガ家はマンガばかり書いてる人、作曲家は作曲ばかりしてる人。ベンチャーやＮＰＯを一回立ち上げたって人は、起業家じゃなくて、起業したことのある人。なのです。

まぁいいやそんなこと。ぼくの場合、20年で興したワチャワチャが拡散し、放っとくと「馬糞の川流れ」（むかし金丸信さんが自民党派閥を評して発した超名言）になりやしないかと。

＜雨が降り流れた。＞　うん、AI大波を被る前に、もういちど集約する、そんな時期。1．テック、2．ポップ、3．キッズの3本柱でワチャってきたことの整理です。人生100年としたら、40まで、60まで、死ぬまで、の三毛作ぐらいチャンスがある。わが三毛作めへの身辺整理。

＜歌い出すんだ。＞　1．テック。デジタルサイネージ、IPDC、ラジコ、炎上協会、オープンデータ、データ流通推進協議会など。ネットからスマート、データと来て、AI・IoTへ。

＜偶然なんか待てないよ。＞　2．ポップ。京都・沖縄国際映画祭、アーティストコモンズ、海外マンガフェスタ、Tokyo Crazy Kawaii、ソーシャルゲーム協会、日本eスポーツ協会。そして超人スポーツ協会。映像、音楽、マンガ、アニメ、ゲーム、スポーツ。

〈それが愛だぜ。〉 3．キッズ。幼児向けMIT Okawa Center、CANVAS。小中高校生向けデジタル教科書DiTT、安心ネットづくり促進協議会。大学院KMD。そして超教育協会。学校の壁をこわせ。そして、つくれ。

〈あったらしいのとりかえるのさ。〉 ポップ・テック特区を作るCiPは1と2のかけ算。分散したプロジェクトを、特区というフックで集約し、融合させる。世界にない地域を作る。これは学者や教育者の仕事じゃなく、政策屋ないし社会起業家の仕事。

〈テイクワンの声がする。〉 iUは1と3のかけ算。幼児、小中高、大学院ときて、4年制大学というミッシングピースを埋める。このパンクな大学作りは、学者や教育者の仕事じゃなく、政策屋ないし社会起業家の仕事。

〈メロディが生まれる。〉 融合させれば化学反応で熱を発する。何か見知らぬものが生まれるはず。Ｃ・ｉＰも・ｉＵも、次のオモロいものを生むところまでワチャワチャと混ぜ合わせたい。

でもね。コレ書いて棚卸しを済ませたと思ったとたん、もう心配なんだよ。これじゃダメだよなって焦ってるんだよね。

＜はいごくろうさん。＞ いや聞けよ。まず今回はＣ・ｉＰと・ｉＵという2点を作る。だけど点じゃ世間は変わらん。これを面に広げる。世界に染み出す。そこまで、どうすんのか？ ぼくの仕事のゴールはどこだ？ その先に、大勢がニコニコ笑うリアリティは待つのか？

＜やさしく愛して。＞ ね。そうして超ヒマ社会が来るとして、それは能天気に書き散らかしたような姿になるのか？ ホモ・サピエンスは小麦や稲に家畜化された（ユヴァル・ノア・ハラリ『サピエンス全史』）。超ヒマ人種はＡＩに家畜化されるのか？ どう思う？

＜おばかさんなの私。＞ ムハマド・ユヌス『3つのゼロの世界』は貧困、失業、CO_2排出の3つゼロの新経済を唱え、資本主義とは別の選択肢を提示する。でも社会主義が崩壊した後、非資本主義の受け皿は見当たらず、ワチャワチャしている。超ヒマ社会は、新経済を受け止められるのか……なんてね。自問するわけだ。超ヒマ社会なんてのはぼくの妄想なんで。

〈思い出すたび胸がいたむ。〉考えていてもしょーがない。ぼくのような凡人は、ここらで区切って、仕事を始めて、次いってみよー。それでまたいつか、溜まったら、書いてみる。

〈くりかえす、くりかえす、さざなみのように。〉

中村　伊知哉（なかむら　いちや）

慶應義塾大学大学院メディアデザイン研究科　教授

http://www.ichiya.org/

1961年生まれ。京都大学経済学部卒。慶應義塾大学で博士号取得（政策・メディア）。

1984年、ロックバンド「少年ナイフ」のディレクターを経て郵政省入省。

1998年 MIT メディアラボ客員教授。2002年 スタンフォード日本センター研究所長。2006年より慶應義塾大学教授。

内閣府知的財産戦略本部委員会座長、文化審議会著作権分科会小委などの委員を務める。

CiP協議会理事長、吉本興業社外取締役、理化学研究所AIPセンターコーディネーター、東京大学客員研究員などを兼務。i 専門職大学（設置認可申請中・仮称）学長就任予定。

著書に『コンテンツと国家戦略』（角川 Epub 選書）など多数。

超ヒマ社会をつくる

2019年7月14日　初版発行

著　　　者	中村伊知哉
発　行　人	松野浩之
編　集　人	新井治
デザイン・DTP	大滝康義（株式会社ワルツ）
カバー写真	田中達也（株式会社 MINIATURE LIFE）
編　　　集	松野浩之
	太田青里
編集協力	平田博子
営　　　業	島津友彦（株式会社ワニブックス）
発　　　行	ヨシモトブックス 〒160-0022　東京都新宿新宿5-18-21 03-3209-8291
発　　　売	株式会社ワニブックス 〒150-8482　東京都渋谷区恵比寿4-4-9えびす大黒ビル 03-5449-2711
印刷・製本	株式会社光邦

JASRAC 出 1905925-901

ISBN 978-4-8470-9799-7